Bettina Manuela Hambuch



# Glücksorte in Koblenz

*Fahr hin und werd glücklich*

Droste Verlag

*Für meine Glücksmenschen Johannes, Juliane, André, Frieda, Sebastian und Lara*

# Liebe Glücksuchende,

denken Sie an Koblenz, fallen Ihnen sofort der Zusammenfluss von Rhein und Mosel, das Deutsche Eck und die Festung Ehrenbreitstein ein. So ging es mir auch, bevor ich in diese bunte Stadt gezogen bin. Doch es gibt viele weitere wunderschöne, begeisternde und gar versteckte Orte zu bestaunen. Einmal vom schönsten Balkon über die Stadt blicken, mit dem Kaffeejungen plaudern, Koniks bewundern, sich an Blömcher aus der Altstadt erfreuen oder mit Lenné spazieren gehen. Die Auswahl von nur 80 Glücksorten war gar nicht so einfach. Inspiriert wurde ich von den Menschen, die mir ihre Lieblingsplätze in dieser Stadt gezeigt haben. Sie haben mich auch bei meinen Recherchen mit spannenden Ideen und ausdrucksstarken Fotos, vor allem aber mit viel Herzblut und „Kowelenzer Charme“ unterstützt. Mit diesem Buch möchte ich Sie einladen, Koblenz zu besuchen, zu entdecken, vielleicht sogar zu bleiben. Ich bin mir ganz sicher, dass Sie hier glücklich werden. Ich bin es schon.
Herzlichst,

Ihre Bettina Manuela Hambuch

# Deine Glücksorte ...

# … noch mehr Glück für dich

# Die Stadt zu Füßen

## 1 *Ausblick vom Fort Helfenstein*

Im dunkel schimmernden Rhein spiegelt sich das Leuchten der Nachmittagssonne. Auf dem breiten Strom gleiten große Frachtschiffe gemütlich vorbei. Es ist fast still. Nur hin und wieder hört man das Rattern und Pfeifen der Güterzüge, die durch das Rheintal ziehen. Aus dieser Höhe wirken Spazierende am Rheinufer wie kleine bunte Punkte. Und die Stadt selbst, so scheint es, liegt einem zu Füßen. Dieser eher weniger bekannte Aussichtspunkt auf Koblenz liegt im südlichen Teil der Großfestung Ehrenbreitstein, am Fort Helfenstein, einer ehemaligen Geschützstellung, die zusammen mit der Bastion Fuchs das Tal Ehrenbreitstein und das Gelände zum Rhein sicherte. Den Weg dorthin erwandert man über den alten, inzwischen neu angelegten General-Aster-Weg. Dieser beginnt hinter dem Rhein-Museum in Ehrenbreitstein und führt über zum Teil steile Treppen, verschlungene Pfade und kühle Felsentunnel nach oben, vorbei am früheren Arbeitszimmer des preußischen Generals und Festungsbauingenieurs Ernst Ludwig von Aster. Auf dem Weg lässt sich immer wieder ein Blick auf die Stadt und den Stadtteil Ehrenbreitstein erhaschen. Oben angekommen, erfasst das Auge zunächst das 1930 errichtete Denkmal für das Infanterieregiment „von Goeben" Nr. 28, bevor der Blick fast magisch hinauf zum blauen Himmel und von dort hinunter auf die Stadt gezogen wird. Zu erkennen sind das Pegelhaus, das stadtbildprägende Ensemble aus preußischem Regierungsgebäude und Koblenzer Hof, die spitzen Kirchtürme in der Innenstadt, die steinerne Balduinbrücke, das Fort Asterstein und das Deutsche Eck – das Wahrzeichen der Stadt. Aber nicht nur die Ansicht der Stadt, auch die Fernsicht auf die Mittelgebirge Eifel, Hunsrück und Westerwald ist beeindruckend. Mag die wunderbare Aussicht in vielem dem von Touristen so geliebten Blick vom Plateau der Festung Ehrenbreitstein gleichen – hier ist man allein. Und während man in Stille gedankenverloren auf die Stadt blickt, stellt sich leise ein Gefühl von Heimat, von Zuhausesein ein.

**TIPP** Romantisch wird es, wenn die Lichter in der Stadt angehen, also den Ausblick am Abend genießen.

**Fort Helfenstein, Festung Ehrenbreitstein, 56077 Koblenz**
**ÖPNV: Bus 8, 9/19, 10, Haltestelle Ehrenbreitstein Bahnhof**

# Ein Urlaubstag in Frankreich

## 2 *Wochenmarkt im Stadtteil Ehrenbreitstein*

Frisches Obst und Gemüse, regionale Fleisch- und Wurstwaren, geräucherter Fisch, das gute Brot vom Bäcker, Honig und Senf aus eigener Herstellung, Blumen, Saft, pflanzengefärbte Wolle, kreative Handarbeiten, Wein vom Winzer vor Ort – der Wochenmarkt im Koblenzer Stadtteil Ehrenbreitstein ist eine wirkliche Institution. Jeden Mittwoch von 16 bis 19 Uhr bieten feste und wechselnde Händler und Direktvermarkter aus der Region ein breites Sortiment für den täglichen Bedarf auf dem neu gestalteten Kapuzinerplatz an. Zudem gibt es so manche Spezialität für einen besonderen Anlass oder zum Genießen. Die Koblenzer lieben es! Der seit dem Jahr 2009 wöchentlich stattfindende Markt unter dem Motto „klein aber fein" hat sich längst zu einem beliebten Treffpunkt für Jung und Alt über den Stadtteil hinaus entwickelt. Man kommt zum Einkaufen, aber auch zum Probieren. Mit dem Duft von frisch Gegrilltem in der Nase nascht man zunächst Oliven, Schafskäse oder diverse Aufstriche, danach genießt man krosses Hähnchenfleisch und zum Abschluss Kaffeespezialitäten und duftende Kekse.

**TIPP** Brot, Käse und Wein kaufen und den Tag mit Freunden auf dem Markt ausklingen lassen.

Beim ausgiebigen Bummel über den Markt füllt sich nach und nach der Einkaufskorb. Immer wieder ermuntern die Händler zum Verkosten oder verteilen kleine Happen. Und während man längst schon satt ist, macht es einem der Mann einen Verkaufsstand weiter auch nicht einfacher. Wortgewandt und fröhlich preist er seine duftenden Langos-Spezialitäten an. Überhaupt, der Markt lebt vom Miteinander, von Gesprächen, von Anteilnahme und Interesse füreinander. An aufgebauten Bierzeltgarnituren sitzt man zwischen zehn bis zwölf Marktständen, unterhält sich oder schaut dem bunten Markttreiben zu. Es ist nicht wichtig, ob man einander kennt. Gespräche entstehen zwanglos bei kleinen Leckereien. Und wenn der Nachbar plötzlich Brot und Käse teilt, fühlt man sich ein klein wenig wie an einem Urlaubstag in Frankreich.

**Wochenmarkt auf dem Kapuzinerplatz, Kapuzinerplatz, 56077 Koblenz**
**ÖPNV: Bus 8, 9/19, 10, Haltestelle Kapuzinerplatz/Fähre**

Lamm-Hackfleisch
1,60 €
Lammhaxen
1,10 €

# Unterwegs ganz oben

## 3 *Rundwanderweg Nummer 1 in Arzheim*

An einem gewöhnlichen Samstagnachmittag, zwischen Einkauf und Hausarbeit, ist da plötzlich dieser Wunsch nach Bewegung. Einfach die Wanderhose überstreifen, die Wanderschuhe schnüren und losziehen. Welch Glück, wenn man im Stadtteil Arzheim zu Hause ist. Dort gibt es gleich vier Rundwanderwege unterschiedlicher Länge direkt vor der Tür. Für einen Nachmittags- oder Abendspaziergang eignet sich besonders der Rundwanderweg Nummer 1 mit 4 Kilometern Länge, auch Grüner Wanderweg genannt. Start und Ziel ist der Parkplatz In der Strenge. Von dort geht es zunächst steil bergan über die Forststraße in Richtung Turnhalle. Oben angekommen wird man direkt für die erste Anstrengung belohnt. Der Rundblick von der Lex-pol oder Napoleonshöhe über die Stadt, die Eifel und das Neuwieder Becken ist überwältigend. Zum Verweilen laden dort sogar Bänke und Tische ein. Wen wundert es, dass man geneigt ist, bis zum Sonnenuntergang zu bleiben und die Wanderung auf ein anderes Mal zu verschieben. Aber dann würde einem die großartige Aussicht hinauf zum 382 Meter hohen Kühkopf im Koblenzer Stadtwald und hinab ins Rheintal entgehen, die man auf dem weiteren Weg, dem Stautsweg, immer wieder genießen kann. Ein wenig hat man bereits den lärmenden Alltag hinter sich gelassen. Und so stört es überhaupt nicht, dass der sich anschließende geteerte Waldweg direkt unter der Bundesstraße B 49 entlangführt. Die Autogeräusche nur von Ferne wahrnehmend, erlebt man besonders im Wintersborner Bachtal den Wald, hört die Vögel zwitschern und riecht Moos und Feuchtigkeit. Dieser Weg entlang eines Baches ist Teil eines Waldlehrpfades mit liebevoll gestalteten Tafeln, die Pflanzen, Bäume und Vogelarten erklären. Am Ende des mit kleinen Steinen übersäten Weges biegt man in den Jakob-Diesler-Weg, genießt noch eine weitere schöne Aussicht, die auf den Koblenzer Stadtteil Arenberg, bevor man über die Lahnstraße und Hinterdorfstraße entspannt, erholt und gut gelaunt zum Ausgangspunkt zurückkehrt.

TIPP **Der Rundwanderweg ist für einen Spaziergang mit Hund bestens geeignet.**

**Rundwanderweg Nummer 1, In der Strenge (Startpunkt), 56077 Koblenz**

**ÖPNV: Bus 10, Haltestelle In der Strenge**

# Etagen mit Ausblick

## 4 *Die Aussichtsplattform Rhein-Mosel-Blick*

Skywalk beschreibt eine oft extreme Konstruktion, die entweder einer Gebäudeerschließung dient oder als Aussichtswarte fungiert, sei es als Gebäudeteil selbst oder im Gelände. Das klingt schon ziemlich technisch. Keinesfalls würde man sich solch nüchternen Gedanken hingeben, während man auf der Rhein-Mosel-Aussichtsplattform steht. Dann geht man schon eher der Frage nach, ob die Stadt am schönsten ist, wenn man sie aus höchster Höhe betrachtet. 118 Meter über dem Rhein steht seit der Bundesgartenschau eine Aussichtsplattform – ein riesiges hölzernes Dreieck. Eine der Spitzen ragt meterweit über das Gelände hinaus. Beim Blick auf Rhein und Mosel fühlt es sich nach Schweben in luftiger Höhe an, was durch das stets wehende Lüftchen durchaus verstärkt wird.

Das architektonisch gelungene Bauwerk auf dem Gelände an der Festung Ehrenbreitstein ist ein echter Hingucker, sowohl aus der Nähe als auch von weit entfernt. Man könnte trotzdem meinen, es stehe einfach so in der Landschaft herum. Doch das ist weit gefehlt, denn der Platz dafür wurde bewusst ausgewählt. Mit jeder Etage des mehrstöckigen Bauwerks verändert sich nämlich der Ausblick. Entlang der beiden Flüsse, hinein in die Stadt und bei guter Fernsicht kann man den Blick bis hin zu den Mittelgebirgen Hunsrück, Eifel, Westerwald schweifen lassen. Nicht umsonst ist dieser Ort längst zum Magnet für Touristen geworden. Und natürlich für die Einheimischen, die Seite an Seite mit den Gästen der Stadt stehen und deren Beschreibungen lauschen, während diese versuchen, bereits Erkundetes wiederzufinden. Es macht Freude zuzuhören, aber auch, über die Heimatstadt zu erzählen. Dabei spürt man, wie die Brust ein klitzeklein wenig vor Stolz zu schwellen beginnt. Denn in dieser schönen Stadt, in dieser landschaftlich so reizvollen Umgebung ist man zu Hause. Ein wunderbares Glücksgefühl, das man viel öfter genießen sollte, nicht nur so hoch oben.

TIPP Frühmorgens oder spät am Abend ist man fast alleine und kann wunderbare Panoramafotos schießen.

**Aussichtsplattform Rhein-Mosel-Blick, Greiffenklaustraße, 56077 Koblenz**

**ÖPNV: Seilbahn, Schrägaufzug, Bus 9/19, Haltestelle Niederberg, Kaserne, wenige Minuten Fußweg**

# Das Erwachen der Stadt

## 5 *Im Altstadt Café am Jesuitenplatz*

Es sind die kleinen, feinen Sachen, die den Menschen Freude bereiten. Eine wohlschmeckende Tasse Kaffee, ein heißer Kakao, ein aromatischer Tee, Kuchen wie aus Großmutters Backstube, nach Hausrezept gebackenes Brot, vegetarische Aufstriche, knackige Salate oder cremige Suppen, serviert mit Charme und einem flotten Lächeln. Das alles findet man seit mehr als zehn Jahren im Altstadt Café am Jesuitenplatz, an einem der schönsten Plätze der Stadt. Im Café sitzt man an kleinen Tischen, in Nischen oder Fensterbänken und schaut auf den belebten Platz. Alles ist liebevoll mit passenden Accessoires dekoriert und mit frischen Blumen geschmückt. Ansprechend und harmonisch sieht das aus. An schönen Tagen sitzt man draußen mit bunten Kissen auf hölzernen Bänken an langen Tischen und genießt zusammen mit den leckeren Speisen und Getränken die wärmende Sonne.

Abschalten vom Alltag, ob allein mit der aktuellen Tageszeitung oder im Plausch mit der besten Freundin, es gelingt hier in kürzester Zeit. Das Café öffnet unter der Woche einschließlich samstags bereits 9 Uhr, an Sonn- und Feiertagen 10 Uhr. Ein Muss, zu dieser Zeit dort einzukehren. Das Frühstück ist grandios. Besonders das leckere Sauerteigbrot sollte man sich unbedingt zusammen mit drei verschiedenen Brotaufstrichen schmecken lassen. Köstlich! Keinesfalls zu vergessen, während des Frühstücksgenusses hin und wieder über den Jesuitenplatz zu schauen. Denn hier kann man buchstäblich die Stadt erwachen sehen. Erinnert das nicht irgendwie ein bisschen an das Flair des Südens? Sogar die ersten Touristen bummeln schon über den Jesuitenplatz, der seinen Namen von der gleichnamigen Ordensgemeinschaft erhielt, die von 1580 bis 1773 hier wirkte. Irgendwann muss man dann aber doch aufbrechen und dem Alltag nachgehen. Jedoch nicht ohne ein Brot oder einen der Aufstriche mitzunehmen. Auch wenn man bereits weiß, dass man ganz bald wiederkommen wird.

TIPP Hübsche Dekogegenstände und kleine Mitbringsel können ebenfalls erworben werden.

**Altstadt Café, Jesuitenplatz 1–3, 56068 Koblenz, Tel. (02 61) 20 16 40**
**www.altstadt-hotel-koblenz.de**

**ÖPNV: Bus 1, 2/12, 3/13, 5/15, 6/16, 7, 8, 9/19, 10, Haltestelle Zentralplatz/Forum**

pão
хлеб
パン
PANO'S
VITAMINE & CO.
FRISCHE FRÜCHTE
MIT JOGHURT
BIRCHER-MÜSLI
JOGHURT MIT MÜSLI
UND ROTER GRÜTZE
MILCH-REIS
MIT ROTER GRÜTZE
ODER ZIMT & ZUCKER
CROISSANTS
NATUR
GEFÜLLT
SCHOKO-BRÖTCHEN
BREZN
NATUR
MIT BUTTER
MIT FRISCHKÄSE
BRIOCHE
STRAMMER MORITZ
SOMMERSALAT
BREAD
Seilbahn
Ticketverkauf hier!
Tickets here for sale!
UNSER
1 SCHEIBE
MIT BIS ZU 3
SÜSSE BROTE MIT
BEEREN-MIX, ERDBEE
AUF BUTTERBROT
AUF FRISCHKÄSEBRO

# Karibik in der Großstadt

## 6 *Chillen am Stattstrand am Stadtrand*

An einem warmen Sommerabend mit einem kühlen Drink unter Palmen in einem gemütlichen Liegestuhl lümmelnd und mit nackten Zehen kleine Muster in den Sand zeichnen – das ist Urlaubsfeeling pur. Und genial ist, dass man dafür keine Flugreise buchen, sondern nur den Stattstrand am Stadtrand besuchen muss. Diese zwischen Mai und Oktober ab 10 Uhr geöffnete Oase befindet sich am Moselstausee im Stadtteil Metternich, gut erreichbar zu Fuß, mit dem Fahrrad, dem Bus oder dem Auto. Schon mit den ersten Schritten durch den feinen Quarzsand lässt man den Alltag hinter sich. Chillen direkt am Wasser ist angesagt. Dabei spielt das Alter keine Rolle. Die Jüngsten spielen in der eigenen Kinderecke, Teenies üben sich im Beachvolleyball und die Erwachsenen liegen entspannt unter den Stroh- oder Sonnenschirmen. Wer Spaß auf dem Wasser erleben mag, probiert sich beim Stand-up-Paddling. Direkt am Stattstrand befindet sich eine Stand-up-Paddel-Schule mit Kursangeboten und Leihmöglichkeiten. Auch gastronomisch ist man hier gut aufgehoben: Baguette, Brezeln, Salate, frisch Gegrilltes. Für Leckermäuler gibt es Eis, Brownies oder Donuts. Dass man eine Verzehrkarte benötigt, stört nicht, denn ein mögliches Restguthaben wird ausgezahlt. An der Cocktailbar die richtige Wahl zu treffen ist hingegen nicht so leicht. Von fruchtig bis trocken, von süß bis sauer, die mehr als 50 verschiedenen alkoholfreien wie hochprozentigen Cocktails werden frisch gemixt. Wer lieber Softdrinks, Fritz Limo, afri Cola oder ein kühles Weizen mag, wird am Getränkewagen freundlich bedient. Am Nachmittag öffnet sogar eine Shisha-Bar. Sitzt man dann mit seinem Lieblingsgetränk oder einer Wasserpfeife zusammen mit seinen Lieblingsmenschen bei entspannender Hintergrundmusik in einem der weißen Lounge-Sofas oder in bunten Liegestühlen unter Strohschirmen, ist es völlig nebensächlich, dass die Mosel doch nicht das Meer ist. Gehen am Abend dann noch die bunten Lichter an, fühlt man sich fast wie in der Karibik.

TIPP Unter der Woche oder am Wochenende finden Veranstaltungen wie Salsa-Abende oder Silent Slam statt.

**Stattstrand am Stadtrand, Universitätsstraße, 56072 Koblenz**
**www.statt-strand-koblenz.de**
**ÖPNV: Bus 3/13, 4/14, 6/16, Haltestelle Uni/Winninger Straße (C)**

## 7 *Wallfahrtsort Pfarrer-Kraus-Anlagen*

Kraft tanken, meditieren, beten oder einfach nur spazieren gehen und sich an der Schönheit der Natur erfreuen. Egal aus welchem Grund man die Pfarrer-Kraus-Anlagen im Stadtteil Arenberg aufsucht, am Ende des 1,2 Kilometer langen Spaziergangs ist man sich sicher: Hierher kommt man wieder. Die 60 Grotten, Bildstöcke und Kapellen mit ihren kunstvoll gestalteten Glasfenstern erzählen vom Leben und Sterben Jesu sowie vom Leidensweg seiner Eltern Maria und Josef. Beim besinnlichen Wandeln um den Ölberg, entlang des Kreuzweges, durch Marien- und Erlösergarten begreift man die Glaubenswelt der Vorfahren. Bilder entstehen im Kopf, die sich beim Betrachten des heiligen Josefs, der mit den Fischen im Weiher spricht, von Franziskus, um den sich die Tiere scharen, oder von Maria, die in der Lourdes-Grotte der jungen Bernadette erscheint, noch verstärken.

Und selbst wenn man dem Religiösem nicht folgen mag, die verwunschenen Wege, die über 100 Jahre alten Bäume, darunter der 1855 gepflanzte Mammutbaum, die unterschiedlichen Pflanzen, Farn- und Moosarten nehmen einen gefangen. Vielleicht ist es aber auch nur die besondere Stille, hier und da unterbrochen vom Gezwitscher der Vögel. Architektonisch beeindruckend sind die Bauwerke, vor allem deren Verzierung mit Lavagestein aus der Eifel, mit Bergkristallen, Mineralien und Muscheln aus aller Welt. Am Ende des Spaziergangs lockt der kurze Aufstieg zu der im neuromanischen Stil erbauten katholischen Pfarr- und Wallfahrtskirche St. Nikolaus. Die Pfarrer-Kraus-Anlagen, einst Wallfahrtsort mit 9000 Besuchern pro Wochenende, wurden nach den Plänen des katholischen Pfarrers Johann Baptist Kraus und des Gartenbaumeisters Peter Josef Lenné errichtet – unterstützt von Kaiserin Augusta. Seit 2002 gehört die ab 1845 erbaute und europaweit einzigartige, denkmalgeschützte Landschaftsbibel zum UNESCO-Welterbe Oberes Mittelrheintal und bildet dessen nördlichsten Punkt.

TIPP Es werden fachkundige Führungen angeboten, mit anschließenden Gesprächen bei Kaffee und Kuchen.

**Pfarrer-Kraus-Anlagen, 56077 Koblenz**
**www.förderkreis-pfarrer-kraus-anlagen.de**
**ÖPNV: Bus 9/19, Haltestelle Arenberg/Kirche**

# Nutria, Nilgans & Co.

## 8 *Am Schwanenteich in den Rheinanlagen*

Der Schwanenteich ist eine kleine Naturoase am südlichen Ende der Rheinanlagen. Hier kann man zu jeder Jahreszeit eine Vielzahl an Tierarten bestaunen, darunter Schwäne, Kanada- und Nilgänse, auch Nutrias. Ein wenig entfernt vom Ufer stehen zwei bequeme Bänke. Nach einem Spaziergang entlang des Rheins sich dort niederzulassen, um das lebendige Treiben der Wildtiere zu verfolgen, ist ein vergnügliches Erlebnis. Wer mutiger ist, spaziert direkt hinunter ans Ufer. Aber Vorsicht, die biberähnlichen Wesen mit den organge-roten Schneidezähnen, den kleinen Augen und Ohren und der putzigen Stupsnase kennen keine Furcht. Geschwind eilen sie herbei und fordern energisch Fressbares. Auch die großen braunbunten Nilgänse behaupten gackernd ihren Platz und gieren nach Mitbringseln. Doch auch wenn es gut gemeint ist oder Freude bereiten würde, Füttern sollte man die Tiere im Sinne des Tierschutzes nicht.

In den Sommermonaten lassen sich in diesem Kleinod sogar Nutriaweibchen mit ihren Jungen oder tapsige, braun-weiß gefärbte Küken der Nilgänse entdecken. Während man am Ufer steht oder sitzt und den Blick entspannt über den Teich gleiten lässt, beobachtet man Kanadagänse, die es sich auf der kleinen mittigen Insel bequem gemacht haben. Das Wasser schimmert je nach Jahres- oder Tageszeit in unterschiedlichen Farben. Mal spiegeln sich darin die Wolken oder die am Rand stehenden Bäume. Mal gleitet der Wind seicht über den ruhigen Teich. In den Abendstunden ist es eher still, sodass man mit Ruhe den Tieren zusehen oder einfach nur seinen Gedanken nachgehen kann. Am Tage trifft man viele Spaziergänger oder Radfahrer, die entlang der Rheinlache, einem Altarm des Mittelrheins, unterwegs sind. Etwa an der Oberwerther Brücke weist diese Rheinlache eine Engstelle auf, die den Schwanenteich vom Rest der Rheinlache abtrennt. Auch von dieser Brücke aus hat man einen fantastischen Blick weit über den Schwanenteich hinaus.

TIPP

Wunderbare Fotos von den Wildtieren lassen sich besonders in den Abendstunden aufnehmen.

**Schwanenteich Koblenz, Kaiserin-Augusta-Anlagen, 56075 Koblenz**

**ÖPNV: Bus 7, Haltestelle Mozartplatz, Fußweg durch Kaiserin-Augusta-Anlagen in Richtung Koblenz-Stolzenfels**

# Finger im feuchten Ton

## 9 *Kunstbackstube in Ehrenbreitstein*

In der engen, von hohen Hausfassaden begrenzten Straße fällt der liebevoll dekorierte Tisch mit den zwei Stühlen zwischen den parkenden Autos sofort ins Auge. Unwillkürlich bleibt man stehen und blickt neugierig durch das dahinterliegende große Schaufenster auf Tassen, Teller, Schüsseln, Kannen, Schalen, Vasen, Kerzenständer und anderes mehr. Man möchte sich sattsehen an all diesen schön geformten Dingen unterschiedlichster Stilart. Und so betritt man gespannt diesen Ort, von dem man zunächst glaubt, es sei ein Geschäft. Aber die Kunstbackstube im Stadtteil Ehrenbreitstein ist mehr. Kommunikationszentrum für Kunstschaffende, Ausstellungsfläche für anerkannte Künstler und junge Talente, Lernort für handwerklich Neugierige, Oase für Schenkende. Das Auswählen macht Freude, denn der 4,40 Meter lange Tresen beherbergt für jeden ein passendes Geschenk. Und wenn die Wahl schwerfällt, hilft die Inhaberin der Kunstbackstube charmant weiter. Löst man seinen Blick von der handgetöpferten Keramik, entdeckt man originale Grafiken und Zeichnungen oder liebevoll gestaltete Postkarten und nimmt den dezenten Duft handgemachter Kerzen von Fehmarn wahr. Oft sieht man die Keramikerin töpfernd hinter dem mittleren Schaufenster. Gut gelaunt und geduldig erklärt sie Interessierten Schritt für Schritt die Herstellung von keramischen Kunstwerken und Alltagsgegenständen. Man bekommt Lust, die eigenen Finger in den feuchten Ton zu graben, zu formen und zu gestalten. Hierfür gibt es tatsächlich ein Kursangebot, frei nach dem Motto „Guten Ton kann man lernen". In den Kursen wird nicht nur das älteste Handwerk der Geschichte mit seinen verschiedenen Techniken vorgestellt. Kreativität, Selbstverwirklichung, Freude am Gestalten und Austausch stehen im Mittelpunkt der mit viel Engagement und Begeisterung geleiteten Abende. Ein besonderer Kenntnisstand wird nicht benötigt. Die Teilnehmenden erhalten an den Kursabenden individuelle Betreuung und Hilfestellung, Motivation und am Ende ihr eigenes Kunstwerk.

TIPP Immer im März findet der Tag der offenen Töpferei mit einem abwechslungsreichen Programm statt.

**Kunstbackstube Ehrenbreitstein, Humboldtstraße 122–124, 56077 Koblenz, Tel. (02 61) 9 88 65 95**
**www.kunst-back-stube.de**

**ÖPNV: Bus 8, 9/19, 10, Haltestelle Kapuzinerplatz/Fähre**

# Hinauf zur Sonnenterrasse

## 10 *Über die Teufelstreppe zur Rheinkrone*

Die Rheinkrone, Hotel und Restaurant im Stadtteil Asterstein, ist ein beliebtes Ausflugsziel. Von der gemütlichen sonnenverwöhnten Terrasse genießt man einen einzigartigen Ausblick über Koblenz und das Rhein-Mosel-Tal hinauf zu den nahe gelegenen Mittelgebirgen. Die Gäste erwartet eine gutbürgerliche Küche, wochentags am Abend und an Sonntagen zur Mittagszeit. Dazu gibt es kühles Bier aus der Region oder wohlschmeckenden Wein von hiesigen Winzern. Doch kaum einer weiß, dass man diesen Ort von der Stadt aus über eine idyllisch gelegene Treppe, die sogenannte Teufelstreppe, rasch erreichen kann. Der im Juli 2014 wiederhergerichtete Aufgang war ursprünglich die geschützte Verbindung zwischen dem 1822 gebauten Werk Glockenberg und der 1858 installierten Befestigung, dem Horchheimer Tor. Im Ernstfall wäre so eine Verteidigung von Horchheim und der Pfaffendorfer Brücke möglich gewesen. Außerdem war und ist diese Treppe die kürzeste Verbindung zur Innenstadt, nicht nur einst für Kinder auf ihrem alltäglichen Schulweg. Der Einstieg hinauf zur Sonnenterrasse der Rheinkrone befindet sich auf einem geteerten Spazierweg oberhalb der B 42 unweit des Glockenbergtunnels, gut zu erreichen über eine nahe gelegene Fußgängerbrücke. Auf dem schattigen Treppenweg kann man Reste des Werks Glockenberg, welches Bestandteil der preußischen Festung Koblenz war und in den 1920er-Jahren der Schleifung zugeführt wurde, entdecken. Aber auch Ameisen und Käfer, die emsig über Stufen krabbeln oder kunstvoll gewebte Spinnennetze sind immer wieder zu sehen. Mit jeder Stufe, die man erklimmt, vermischt sich das Rauschen der Blätter mit dem Rauschen des Verkehrs. Hin und wieder bleibt man stehen und schaut zurück, in der Hoffnung, durch das dichte Laub doch einen Blick auf die Stadt zu erhaschen. Nach 224 Stufen führt ein schmaler geteerter Pfad zur Lokalität mit dem herrlichen Ausblick. Allerdings sollte man zuvor noch kurz einen Abstecher machen, um den unerwarteten Fernblick am Ende des Weges zu bestaunen.

TIPP

Unbedingt den Sonnenuntergang auf der Terrasse mit einem guten heimischen Riesling genießen.

**Hotel Restaurant Rheinkrone, Rudolf-Breitscheid-Straße 23, 56077 Koblenz, Tel. (02 61) 9 73 08 03, rheinkrone-koblenz.de**

**ÖPNV: Bus 5/15, Haltestelle Feuerwehrfachschule, etwa 15 Minuten Fußweg**

# Stadtgeschichte entdecken

## 11 *Hauptfriedhof Koblenz*

Die 330 Meter lange Platanenallee mit ihrem alten Baumbestand ist so etwas wie das Herzstück. Der leicht ansteigende Hauptweg ist eine Abkürzung von der Innenstadt hinauf in den Stadtteil Karthause. Aber das nicht allein: Viele genießen gerade an heißen Tagen das dichte Blätterdach der hohen Bäume einfach für einen angenehmen schattigen Spaziergang. Während man den Lärm der Stadt mit jedem Schritt zurücklässt, erfreut sich das Ohr am fröhlichen Gezwitscher der Vögel und das Auge an den bunten Blumen entlang des Weges. Der 1820 eingeweihte, terrassenförmig angelegte Hauptfriedhof ist aber auch ein historischer Ort. Sehenswerte Monumente, klassizistische Stelen und bemerkenswerte Denkmäler im alten Teil des Hauptfriedhofs erinnern an berühmte Persönlichkeiten. Darunter sind Ministerpräsident Peter Altmeier, der Verleger Karl Baedeker, der Dichter Max von Schenkendorf, die Wohltäterin Caroline Settegast oder der Koblenzer Oberbürgermeister Willi Hörter.

Der Gang über den Friedhof wird zu einem interessanten Ausflug in die Stadtgeschichte und in die Kunst der Steinmetze – das müssen wahre Künstler gewesen sein, denkt man beim stillen Betrachten. Hier und da sieht man auf den Bänken Kreative, die geschickt mit Stift oder Pinsel die besondere Atmosphäre in dem parkähnlichen Hauptfriedhof zu Papier bringen. Wer es beim Gang über den Hauptfriedhof genauer wissen mag, für den gibt es zur Orientierung auf dem 36 Hektar großen Gelände gut gestaltete Übersichtstafeln. Eine Besonderheit ist auch das Arboretum, ein Lehrgarten mit Bäumen und Sträuchern, in dem heimische wie exotische Pflanzen bestaunt werden können. Keinesfalls sollte man versäumen, den Haupteingang zu passieren. Dort befindet sich eine Baumscheibe von einem Riesenmammutbaum. Jahresringe zählen könnte zu einer längeren wie ambitionierten Angelegenheit werden.

TIPP

Während einer Führung erhält man einen Überblick über den historischen Teil des Friedhofes.

**Hauptfriedhof Koblenz, Beatusstraße, 56068 Koblenz**

**ÖPNV: Bus 9/19, Haltestelle Hauptfriedhof**

HEINRICH PABST
KGL. HOFSTEINMETZMSTR.
* 19.3.1849 + 27.2.1918
MAGDALENA PABST
GEB. FRIEDRICH
* 15.11.1852 + 14.11.1928
JOHANN FRIEDRICH
* 12.9.1841 + 3.8.1874
JAKOB FRIEDRICH
* 12.12.1839 + 16.3.1873
FRANZ FRIEDRICH
* 5.4.1864 + 3.6.1886

# Von wegen verstaubt!

## 12 *Das Bundesarchiv*

Archive sind verstaubt und Archivare langweilige Zeitgenossen. Mit diesen und vielen anderen Klischees räumt das Bundesarchiv in Koblenz ordentlich auf. Auf ganz unterschiedliche, sehr spannende Art und Weise werden die vielfältigen Aufgaben vorgestellt. Und zwar so, dass man richtig Lust bekommt, das Bundesarchiv mit den dort verwahrten Akten, Urkunden, Fotos, Plakaten, Filmen und Tonträgern zu entdecken. Dafür kann man zum Beispiel das gute und kostenfreie Veranstaltungsangebot nutzen. Da gibt es wechselnde Ausstellungen, Vorträge, Diskussionsabende, Theatergastspiele oder szenische Lesungen. Oft hat man im Anschluss Gelegenheit, sich mit anderen Gästen bei einer Brezel und einem Glas Wein auszutauschen. Inzwischen ein Muss, nicht nur für Cineasten, ist die jährlich stattfindende Filmreihe. Zu wechselnden Themen werden bekannte und vergessene Filmklassiker sowie verloren geglaubte oder im Bundesarchiv restaurierte Filme gezeigt.

Doch das ist längst nicht alles, denn auch ein „Blick hinter die Kulissen" ist möglich. Bei einer kostenfreien Führung durch die Aktenmagazine, den Lesesaal und das größte Bildarchiv Deutschlands erfährt man nicht nur Wissenswertes über die Aufgaben des Bundesarchivs, sondern bekommt Dokumente zur Geschichte der Bundesrepublik oder von bekannten Personen der Zeitgeschichte gezeigt. Staunend blickt man auf den Briefwechsel zwischen Konrad Adenauer und Theodor Heuss oder betrachtet neugierig die handgemalten Nebelbilder des Filmpioniers Max Skladanowsky. Vielleicht liest man auch aufmerksam in den Akten zur Grundgesetzänderung, die Herabsetzung des Wahlalters auf 18 Jahre betreffend. Es ist faszinierend, das alles einfach so sehen zu können. Während man den Erklärungen lauscht, den Blick weiter fest auf das Original geheftet, begreift man ganz plötzlich: Das hier ist echte Geschichte zum Anfassen.

TIPP

Fotofreaks können bei angemeldeten Führungen analoge und digitale Fototechniken näher kennenlernen.

**Bundesarchiv, Potsdamer Straße 1, 56075 Koblenz, Tel. (02 61) 50 50**
**www.bundesarchiv.de**
**ÖPNV: Bus 2/12, Haltestelle Bundesarchiv**

452
451
450
449

# Schnitt, Farbe, Kopfmassage

## 13 *Haarmanufaktur Julia Goray*

Heute geht es in den Salon. Die Vorfreude erzeugt bereits Stunden vorher dieses Kribbeln im Bauch. Nicht nur, weil man jetzt schon weiß, dass man perfekt gestylt den schick eingerichteten Frisiersalon verlässt, sondern weil da schon wieder diese Frage ist: Doch mutig sein und Schnitt oder Farbe verändern? Die Antwort darauf erhält man von den Profis in der Haarmanufaktur. Für die persönliche Beratung nehmen sie sich viel Zeit. Sie stellen genau die richtigen Fragen, hören zu, erspüren Unsicherheiten und verführen gekonnt zum neuen, passenden Look. Es herrscht keine Eile, trotz vieler belegter Plätze. Das ist wohltuend. Nach der Beratung geht es ebenso entspannt weiter. Haare und Kopfhaut werden mit Premiumprodukten gepflegt. Während Wasser und Schaum mit einer wohltuenden Massage auf dem Kopf verteilt werden, hat man die Füße hochgelegt, und schaut auf einen Bildschirm mit wechselnden wunderschönen Landschaftsbildern. Plötzlich fällt einem der letzte Urlaub ein und lächelnd schließt man die Augen. Der Alltag ist so fern. Gerne würde man jetzt weiterträumen, doch es geht ans Schneiden. Die Meisterin der Schere schneidet präzise, geschickt und beherzt. Mit jeder fallenden Haarsträhne kommt man der Wunschfrisur näher. Dabei genießt man einen cremigen Cappuccino, lauscht den Gesprächen vom Nachbarstuhl oder plaudert selbst fröhlich mit. Die Stimmung im Salon ist angenehm heiter, verbreitet gute Laune, die man gerne mit nach Hause nimmt. So wie die praktischen Tipps zu Pflege und Styling, die man begleitend zum Schnitt bekommt. Irgendwann ist der erholsame Aufenthalt aber doch beendet, denn die letzte Haarsträhne ist in Form gebracht. Jetzt kommt der alles entscheidende Blick in den Spiegel: Wow, denkt man glücklich. Nach dem Bezahlen an der Empfangstheke wird man charmant nach der Vereinbarung eines neuen Termins gefragt. Was für eine Frage! Ganz sicher kommt man wieder! Mit frischem Look und einem Strahlen im Gesicht schreitet man aus dem Salon hinein in die Stadt.

TIPP

Frisch frisiert geht man ins Café Extrablatt in der Altstadt zum ausgiebigen Brunchen.

**Haarmanufaktur Julia Goray, Am Wöllershof 4, 56068 Koblenz, Tel. (02 61) 91 47 99 99**
**www.haarmanufaktur-koblenz.de**

**ÖPNV: Bus 2/12, 5/15, 7, Haltestelle Altengraben**

# Schönster Balkon

## 14 *Im Fort Großfürst Konstantin*

Es gibt ihn wirklich, den schönsten Balkon von Koblenz. Steht man an dessen Brüstung, schaut man staunend hinab auf ein farbenreiches Häusermeer. Man sieht emporragende Kirchen, spielzeuggroße Autos auf den Straßen, selbst die fernen Hügel des Westerwaldes sind gut erkennbar. Gedankenverloren ordnet man die Kirchtürme der Altstadt oder die hohen Häuser im Stadtzentrum ihren Bestimmungen zu, puzzelt Stück für Stück Vertrautes im Stadtbild zusammen. Allerdings nicht ohne eine leichte Jacke, denn dort oben weht oft ein kühlerer Wind. Dieser besondere Aussichtspunkt befindet sich im Fort Großfürst Konstantin, in Koblenz kurz Fort Konstantin genannt. Diese weitgehend erhaltene Festungsanlage wurde zwischen 1822 und 1827 in einer Höhe von 110 Metern am Hang des heutigen Stadtteils Karthause errichtet. Sie ist Bestandteil der ehemaligen Festung Koblenz und Ehrenbreitstein, benannt nach dem Bruder des russischen Zaren Alexander I., Konstantin Pawlowitsch. In diesem Kulturdenkmal, welches auch zum UNESCO-Welterbe Oberes Mittelrheintal gehört, finden viele, sehr beliebte öffentliche Veranstaltungen statt: Kunst-Workshops, Livemusik, Schauspiel im Denkmal, Adventstheater oder Weinfeste. Aber auch für private Feiern bietet sich diese tolle Location an. Für Hochzeiten, Geburtstage, Taufen oder Vereinsfeste kann man die vom Verein Pro Konstantin e.V. liebevoll hergerichteten fünf Kasemattenräume sowie den Innenhof das ganze Jahr über anmieten. Nur sollte man dabei schnell sein. Die Räumlichkeiten sind heiß begehrt. Auch weil die Feiern im historischen Gewölbe des Festungsbaus sehr romantisch sind. Steht man dann an der Balustrade des schönsten Koblenzer Balkons, können einem schon mal die Worte fehlen. Man ist so erstaunt über diesen herrlichen, so gar nicht erwarteten Ausblick. Wenn dann noch die Abendsonne den Rücken wärmt, während man ein Glas kühlen Sommerwein genießt, möchte man einfach nur noch die Zeit anhalten.

TIPP

**Öffentliche Führungen finden von Mai bis Oktober statt.**

**Fort Großfürst Konstantin, Am Fort Konstantin, 56075 Koblenz, Tel. (02 61) 4 13 47**
**www.pro-konstantin.de**

**ÖPNV: Bus 2/12, Haltestelle Fort Konstantin**

# Perfekter Durchblick

## 15 *Gulisa Optik versteht ihr Handwerk*

Man muss das Leben durch die richtige Brille betrachten. So oder so ähnlich hat man diesen klugen Satz schon einmal gehört, vielleicht sogar milde belächelt. Irgendwann ist es dann aber so weit. Die Sehkraft lässt nach und der Sehtest bestätigt: Eine Brille muss her! Nur welche? Voll- oder Halbrandbrille, lieber eine eckige oder eher ovale Fassung und dann die Farbe – Fragen über Fragen, die man am besten mit dem Team bei Gulisa Optik bespricht. Eines vorweg, unpersönliche Standardlösungen werden hier nicht angeboten. Daher sollte man für die Brillenberatung und -auswahl unbedingt Zeit mitbringen. Eine Stärke der Optikerinnen und Optiker liegt in der perfekten Augenglasbestimmung sowie der exzellenten Auswahl der Brillenglastypen und -materialien. Die Beratung geschieht auf eine angenehm persönliche Weise, sehr kompetent, sehr freundlich, stets ohne Zeitdruck und vor allem immer mit guter Laune. Die Bedürfnisse der Brillensuchenden stehen dabei an oberster Stelle. Hier wird nix aufgeschwatzt, nix empfohlen, was nicht benötigt wird. Die erhältlichen Brillenmodelle reichen von klassisch, zeitlos bis zu modern und ausgefallen. Die Preise sind absolut fair. Kaum vorstellbar, dass man nicht fündig wird. Das liegt ganz sicher auch am guten wie treffsicheren Geschmack der Beratenden. Es macht richtig viel Spaß, sich mit den unterschiedlichsten Gestellen im Spiegel zu betrachten, den Typ zu verändern oder mal Außergewöhnliches zu probieren. Aber, egal wie viele Brillengestelle man auf die Nase setzt, meist sind die ersten Empfehlungen doch die passenden. Wenn man sich nicht gleich für ein Modell entscheiden kann oder will, darf man die engere Auswahl gerne für mehrere Tage mit nach Hause nehmen. In Ruhe checken, mit welcher Brille man sich am wohlsten fühlt – ein wirklich prima Service. Von der Entscheidung und dem Anpassen vergehen bis zum Abholen der Brille meist nur wenige Tage. Aufgesetzt und direkt den perfekten Blick – das Team bei Gulisa Optik versteht sein Handwerk.

TIPP

Zur neuen Brille findet man in der Boutique CARE-Mode das passende Outfit inklusive Modeberatung.

**Gulisa Optik GmbH, Gulisastraße 15, 56072 Koblenz, Tel. (02 61) 4 33 38**
**www.gulisa-optik.de**
**ÖPNV: Bus 3/13, Haltestelle Alte Schule/Bahnhof**

dare

# Spuren der Mäzenin

## 16 *Kaiserin-Augusta-Denkmal*

Augusta Maria Luise Katharina von Sachsen-Weimar-Eisenach wurde am 30. September 1811 geboren. Im Alter von 17 Jahren heiratete sie den Prinzen Wilhelm von Preußen, den späteren Kaiser Wilhelm I. Ihre wohl schönsten Jahre verlebte die erste deutsche Kaiserin in Koblenz. Der Stadt fühlte sie sich sehr verbunden. Sie beeinflusste durch ihre Anwesenheit das hiesige Kultur- und Wirtschaftsleben. Als sie am 7. Januar 1890 stirbt, errichtete die Stadt nach den Entwürfen des Architekten Bruno Schmitz für ihre Mäzenin ein Denkmal am Rhein. Das Denkmal wurde 1896 eingeweiht. Den Fluss immer vor Augen spaziert man vom Deutschen Eck aus durch die grünen Rheinanlagen, vorbei an wunderschön angelegten Blumenbeeten, zu den Kaiserin-Augusta-Anlagen. Diese zählen zu den schönsten Uferpromenaden des Rheins. Übrigens auch beauftragt von der Kaiserin, geplant und realisiert von Peter Joseph Lenné und Hermann Fürst von Pückler-Muskau. Das Denkmal, ein großes Rondell aus weißem Carrara-Marmor und istrischem Kalkstein, zeigt die Monarchin im Alter von etwa 70 Jahren in antikem Gewand, umrahmt von Löwenköpfen und Vögeln. Die überlebensgroße Augusta-Skulptur stammt von dem Bildhauer Karl Friedrich Moest. Gegenüber dem Denkmal befindet sich ein Aussichtsplatz mit Balustrade und roter Sandsteinbank. Unter großen Schatten spendenden Platanen sitzend, blickt man weit über den Fluss. Man kann sich dabei gut vorstellen, dass dieser Platz der Kaiserin sicherlich ebenso gut gefallen hätte. Nur wenige Meter entfernt befindet sich ein achteckiger Pavillon, der Luisen- oder auch Salventempel. Ein mit Lorbeerkränzen geschmücktes Gebälk trägt das Dach. Im Pavillon erinnert eine Inschrift an Augusta, ihr gewidmet von ihren Kindern Prinz Friedrich Wilhelm und Prinzessin Luise. Der Pavillon ist optisch schon etwas in die Jahre gekommen. Wen stört es, wenn der Blick hinab zum Fluss ebenso beeindruckend ist. Noch dazu, wenn man diesen allein genießen kann, anders als am Denkmal für Augusta.

TIPP Einmal im Jahr findet das Augusta-Fest statt, eine große Flaniermeile in den Rheinanlagen.

**Kaiserin-Augusta-Denkmal, Kaiserin-Augusta-Anlagen (Rheinanlagen), 56068 Koblenz**
**ÖPNV: Bus 1, 11, Haltestelle Sachsenstraße**

AUGUSTA KAISERIN KÖ

# Köstliche Auszeit

## 17 *Ein Besuch im Café Baumann*

Dieser Ort ist bezaubernd. Ein besonderer Ort inmitten einer von Verkehr und eilenden Passanten belebten Straße. Schon beim Betreten empfängt einen der Wohlgeruch aus Schokolade und Kaffee, verheißt genüssliches Schlemmen und Genießen. Das gepflegte Ambiente mit gemütlichen Polsterecken, liebevoller Dekoration und warmem Licht verspricht Wohlfühlen, Ruhe und Entspannen; eine Auszeit vom hektischen Alltag.

Das Café Baumann gibt es schon seit vier Generationen. Und viele der angebotenen Köstlichkeiten können auf eine fast 100-jährige Tradition zurückblicken. So zum Beispiel die stets mundenden Baumkuchen, die in der hauseigenen Konditorei mit viel Liebe und Geduld zubereitet werden. Andere Kreationen wiederum haben sich aus Kundenwünschen zu wahren Meisterstücken entwickelt und einen festen Platz im Angebot gefunden. Und das ist umfangreich: dekorativ verzierte Torten, Petits Fours, zarte Trüffelpralinen, Mandelsplitter, ständig verfeinert und weiterentwickelt. Während man sich seinen Gaumenfreuden schwelgend hingibt, werden nebenan die angebotenen Köstlichkeiten von den Meistern des Konditoreihandwerks handgefertigt, aus frischen Zutaten, guter Butter, heimischen Früchten, duftenden Gewürzen und edlen Likören. Auf die Qualität der Produkte wird genau so viel Wert gelegt wie auf die Qualität des Service. Einer einladend freundlichen Begrüßung folgt eine herzliche wie flotte Bedienung, sowohl hinter dem Verkaufstresen wie auch im Café. Neben frischem Kaffee, Kakao oder Tee zusammen mit edlen Konditorei- bzw. Patisseriespezialitäten, kann man aber auch Frühstücks- oder Mittagsangebote genießen. Und so ist es nicht entscheidend, wann man sich mit einem Besuch im Café Baumann verwöhnt. Denn egal wann man zum Genießen vorbeikommt, Angebot, Qualität und Service in dieser besonderen Kaffeehaus-Atmosphäre sind ein unvergessliches Erlebnis.

TIPP

Handgemachte kreative Torten kann man zu ganz besonderen Anlässen bestellen.

**Konditorei Café Baumann, Löhrstraße 93, 56068 Koblenz, Telefon (02 61) 3 14 33**
**www.cafebaumann.de**

**ÖPNV: Bus 2/12, 4/14, 5/15, 6/16, 7, 9/19, Haltestelle Bahnhof Stadtmitte/Löhr-Center**

# Namaste

## 18 *Kunstgässchen in der Altstadt*

Eine kleine versteckte Gasse verbindet den Münzplatz mit der Liebfrauenkirche im Herzen der Altstadt. Eine entzückende, liebevoll restaurierte Gasse, die von Ortsfremden wie auch Ortskundigen meist erst auf den zweiten Blick entdeckt wird. Wer einmal den Weg hinein oder hindurch gefunden hat, findet ihn immer wieder. Das Kunstgässchen ist wahrlich ein Kleinod, das in den 1980er-Jahren von Olef Spielmann wieder mit Leben gefüllt wurde. Der schmale, fast schon romantisch wirkende Durchgang besticht durch seine beeindruckende Bauart, einen herrlichen, zum Verweilen einladenden Innenhof und eigenwillig gestaltete Schaufenster. Durch diese kann man bereits beim Durchqueren einen ersten Blick in die kleinen Geschäfte werfen. Hier bekommt man keine Massenware oder touristischen Nippes. Stattdessen werden handwerkliche Waren, Textilien, Schals und Tücher aus Baumwolle, Hanf, Kaschmir oder Seide, Klangschalen, asiatische Gongs und sogar das Stechen von Tattoos angeboten. Es lohnt, sich die Zeit zu nehmen, um die Geschäfte mit Ruhe zu entdecken. Im Klangraum, der allein schon durch die weit über 100 verschiedenen Klangschalen aus Nepal beeindruckt, hat man neben fachkundiger Beratung auch die Möglichkeit, in entspannter Atmosphäre die Klangschalen am eigenen Körper zu testen. In den verwinkelten Räumen des Namaste-Bazars werden handgefertigte Produkte aus kleinen nepalesischen Manufakturen angeboten. Eingehüllt in den wohligen Duft von Räucherstäbchen und Seife macht es Freude, Kleidung aus Naturfasern zu probieren, bunte Taschen, hübsche Accessoires oder Deko zu bestaunen. Und auch ein Besuch bei Kunst & Kaschmir lohnt, denn die superweichen Cashmere-Schals, handgearbeitet in bester Qualität, sind ein Blickfang jeder Garderobe. Die Preise in den kleinen Läden sind eher gehoben, der Herkunft und Verarbeitung aber absolut angemessen. Und selbst wenn man nur staunt oder schnuppert, ist man herzlich willkommen.

TIPP In der Schmuckgalerie Sundance neben dem Kunstgässchen findet man wunderbare Babylonia-Schmuckstücke.

**Kunstgässchen, Münzstraße 8, Koblenz, Tel. (02 61) 3 00 21 81**
**www.kunstgaesschen-koblenz.de**
**ÖPNV: Bus 1, 11, Haltestelle Altstadt/Kornpfortstraße**

NAMASTÉ BAZAR
Wegen der aktuellen Infektionslage sind Nasen-und Mundmasken im Treppenhaus und im Flur zu tragen. Danke!

# Eldorado für Mußestunden

## 19 *Listmann – Haus für Kreative*

Es macht einfach Freude, mit guten Gedanken und den eigenen Händen kreativ zu sein, um etwas Neues zu schaffen. Ob man dabei lieber bastelt, schreibt, malt, formt, klebt oder schneidet, entscheiden wohl eher Geschick und Bauchgefühl. Wenn man dafür Werkzeug oder Material benötigt, sollte man unbedingt „Listmann – Das Haus für Kreative" besuchen. Der Fachmarkt bietet auf zwei Etagen eine Fülle an Farben, Papieren, Stoffen, Leinwänden, Kreiden oder Stiften, alles bestens sortiert und beschildert. Beim Bummel entlang der gut gefüllten Regale beginnt die schöpferische Ader zu pulsieren. Erste Bilder von selbst gestalteten Kunstwerken entstehen im Kopf. Die aufsteigende Vorfreude mag man nicht mehr bremsen. Sanft streift man mit den Fingern über Künstlerpapiere von Hahnenmühle, probiert bunte Kreiden von Faber Castell oder Brushpens von Tombow. Vor Ort schon einmal ausprobieren was gefällt, ist in diesem Künstlerparadies erwünscht. Wer dem Zauber des Handschreibens erlegen ist, erfreut sich an einem gut ausgewählten Sortiment an edlen Kugelschreibern und Füllfederhaltern. Auch Materialien für die Schule werden angeboten, darunter farbige Hefte und Blöcke, bunte Mäppchen, Schulranzen. Für alle, die gern nähen, sticken oder stricken gibt es eine Handarbeitsabteilung mit einer großen Vielfalt an Wolle, Garn oder Bändern sowie Zubehör in unterschiedlichsten Ausführungen. Erhältlich sind auch zahlreiche DIY-Anleitungen in Büchern oder Heften. Wem kreative Einfälle dennoch fehlen, der findet an vielen Ecken inspirative Anregungen durch immer wieder liebevoll zusammengestellte Materialien und Farben. Auf der Suche nach Produkten für die eigenen gestalterischen Bedürfnisse wird man ruhig und kompetent beraten. Fragen werden detailliert geklärt. Die Mitarbeiterinnen kennen ihr Sortiment. Und so kommt es vor, dass im Gespräch so manche Idee entsteht, die man dann zu Hause umsetzt. Benötigte Werkzeuge oder Materialien hat man ja in diesem Eldorado für Kreative erworben.

TIPP

Unweit, im Haus Metternich, finden Kunstausstellungen der Arbeitsgemeinschaft bildender Künstler statt.

**Listmann – Das Haus für Kreative, Löhrstraße 1,56068 Koblenz, Tel. (02 61) 9 14 10 32**
**www.listmann.de**
**ÖPNV: Bus 2/12, 5/15, 7, Haltestelle Altengraben**

FABER-CASTELL
36 Albrecht Dürer Watercolour Pencils
Albrecht Dürer Künstleraquarellstift
· Vollständig wasservermalbar
· Höchste Lichtbeständigkeit und Farbbrillanz
· Weicher, farbsatter Abstrich
· 120 Einzelfarben
FABER-CASTELL
60 WATERCOLOUR PENCILS »ALBRECHT DÜRER«
FABER-CASTELL
120 Albrecht Dürer Watercolour Pencils

# Loungen am Rhein

## 20 *Cuvée – Diehls Lounge*

Offen, wenn die Sonne scheint – das ist von Mai bis Oktober Gesetz im Cuvée, der stylischen Location in den Rheinanlangen im Stadtteil Ehrenbreitstein, die ab den Nachmittagsstunden öffnet. Es sei denn, es regnet. Bei gutem Wetter kann man hier bis spät in den Abend genüsslich ausspannen. Man lümmelt sich einfach in einen der bequemen Lounge-Sitzsäcke oder chillt unter Sonnensegeln lässig in besonders schicken Lounge-Möbeln an dunkel gebeizten Tischen. Es ist ein Vergnügen, mit Freunden zusammen den Blick über den Fluss zur Altstadt zu genießen, mit der besten Freundin im Untergang der wärmenden Abendsonne zu plaudern oder mit dem Liebsten die Sterne aufgehen zu sehen. Dazu genießt man Kaffeespezialitäten, leckere alkoholfreie wie alkoholische Summerdrinks, kühles Bier oder erlesene Weine aus den Regionen Rhein, Mosel und Ahr. In entspannter Umgebung probiert man auch gerne mal etwas Neues aus und ist vom Geschmack des Maracuja-Minze-Frappé oder Gurken-Maracuja-Minze-Frappé erst fasziniert, dann begeistert. Ein besonderes kulinarisches Highlight sind die Speisen, die in kleinen Weckgläsern angeboten werden – Geweckte genannt. Das kann zum Beispiel ein Fladenbrot mit zwei Dips wie Humus und Schafskäsecreme sein. Zudem munden verschiedene Oliven, gefüllte Weinblätter oder Kirschpaprika als kleine Weinsnacks.

TIPP Mittwochs kann man mitgebrachte Speisen vom Ehrenbreitsteiner Wochenmarkt im Cuvée verzehren.

Das pfiffige Team im Cuvée ist aufmerksam und flott. Der Umgangston ist jugendlich sympathisch. Dass alle Gäste vom Service mit Du angesprochen werden, passt zum gastronomischen Konzept ebenso wie die Wahl zwischen Bedienung am Tisch oder Selbstbedienung am Tresen. Die Öffnungszeiten der Lounge erfährt man über die entsprechende Facebook-Seite stets aktuell. Man muss aber seinen Besuch gar nicht planen. Man muss einfach nur schauen, ob die Sonne scheint.

**Cuvée-Diehls Lounge, Rheinsteigufer 1, 56077 Koblenz, Tel. (02 61) 97 07-0**
**www.diehls-hotel.de**
**ÖPNV: Bus 8, 9/19, 10, Haltestelle Kapuzinerplatz/Fähre**

# Genuss an allen Ecken

## 21 *Altstadt-Kontor Pfeffersack & Söhne*

Feine Gewürze, edle Spirituosen und Schokoladen, süße und pikante Dips, fruchtige Senfe, Premiumöle, dazu Küchenaccessoire wie formschöne Gewürz- und Pfeffermühlen, ästhetische Akazienholzlöffel, praktisch designte Schneebesen, Mörser aus Granit – im Sortiment des Kontors findet sich eine riesige Auswahl. Das Angebotene kommt sowohl aus der näheren Umgebung wie auch aus anderen Ländern. Wer im Vorbeigehen nur mal schnell eine Gewürzmischung oder ein Geschenk kaufen mag, wird recht erstaunt sein. Aus einem Kurzbesuch wird meist ein längerer Aufenthalt. Man merkt gar nicht, wie die Zeit vergeht. 80 Quadratmeter purer Genuss wollen eben entdeckt werden. Allein schon die unterschiedlichsten Gewürze, Blüten, Samen, Wurzeln oder Mischungen zu begutachten, ist pure Sinnesfreude. Tonkabohnen aus Brasilien, Madras-Curry aus Indien, Piment aus Spanien, ungarisches Paprika, Lavendel von den Feldern in Südfrankreich, dazu klassische Kräuter wie Kerbel, Lorbeer, Majoran, Rosmarin oder Salbei. Ein beachtlicher Teil davon wird in Bio-Qualität angeboten. Wer lieber Salz und Pfeffer in seiner Küche verwendet, kann ebenfalls aus dem Vollen schöpfen. Berg-, Fluss- oder Meersalze, auch Salzmischungen sowie Pfeffersorten von fruchtig, nussig warmwürzig oder scharf sind in ebenfalls bester Qualität erhältlich. Beim Vorbeistreifen an den Regalen verfeinert man in Gedanken sommerliche Salate, geröstetes Gemüse oder frisch Gegrilltes. Alles ist hier gut sortiert und ansprechend verpackt. Die edlen Keramikdosen aus heimischer Produktion im Westerwald oder die hochwertigen Papiertüten sind nicht nur chic, sondern erfüllen die hohen Ansprüche einer Gewürzlagerung. Wenn man sich nicht entscheiden mag oder lieber daheim mit Ruhe ausprobieren möchte, nimmt man einfach eines der Sechser-Gewürzprobiersets mit. Probieren kann man allerdings auch schon vor Ort. Hat man Fragen oder möchte sich ein kulinarisches Geschenk zusammenstellen lassen, wird man gut beraten – nicht selten sogar mit einer würzigen Idee überrascht.

TIPP In der Veranstaltung „Kleine Gewürzschule" erhält man Tipps und Tricks für leckeres Kochen.

**Pfeffersack & Söhne, An der Liebfrauenkirche 1, 56068 Koblenz, Tel. (02 61) 45 09 92 96**
**www.pfeffersackundsoehne.de**
**ÖPNV: Bus 2/12, 5/15, 7, Haltestelle Altengraben**

CASHEWS
FRAMBOISE

# Ankern erwünscht

## 22 *Ein Besuch im Rhein-Museum*

Abseits der üblichen Touristenwege von der Rheinfähre hinauf zur Festung Ehrenbreitstein befindet sich ein liebevoll gestaltetes Museum. Dort einzutauchen ist ein Muss, wenn man mehr über das Leben am, im und auf dem Rhein wissen mag: Welche Fischarten schwimmen im Rhein? Wie wurde Fischfang betrieben? Wie lebten die Menschen am Rhein? Warum gibt es dort so viele Burgen? Womit misst man die Wasserqualität? Interessante Antworten auf diese und viele andere Fragen findet man in der 1800 Quadratmetern großen und barrierefreien Ausstellung. Neben den Themen wie der Schifffahrt, dem Fischfang, der Wirtschaft und Wasserstraßentechnik widmet sich die Ausstellung auch der Rheinromantik oder dem frühen Leben der Menschen am Rhein. So sieht man neben alter und neuer Technik auch Gegenstände aus der Zeit der Neandertaler. Direkt ins Staunen gerät man beim Betreten der großen Schiffshalle im Erdgeschoss. Hier ist ein weltweit einzigartiger Fund aus dem 17. Jahrhundert zu sehen: das Ehrenbreitsteiner Schiff, welches Teil der ersten Schiffsbrücke zwischen Koblenz und dem damals eigenständigen Ehrenbreitstein war. Aber es lohnt, alle Räume in dem 1912 gegründeten Museum zu besuchen. In jedem Raum wird jeweils ein Thema vorgestellt. Man kann sich aussuchen, womit man beginnen möchte. Die Exponate und Beschreibungen sind modern, sehens- wie wissenswert und unterhaltsam aufbereitet. Was gibt es nicht alles zu bestaunen! Die Modelle vieler Rheinschiffe, Dampfmaschinen, nautische Ausrüstungen wie Funkgeräte oder Radaranlagen, historische Messinstrumente, Schifffahrtszeichen, zahlreiche Modelle von Rheinburgen oder die Sehnsuchtsort-Bilder verschiedener Künstler. Selbst Kitsch aus hundert Jahren, der halt mal zur Rheinromantik gehört. Fragen zur Ausstellung, wie zu Exponaten oder Abbildungen sind ausdrücklich erwünscht und werden sehr freundlich und kompetent beantwortet, manchmal sogar mit kleinen unterhaltsamen Histörchen. Das Rhein-Museum ist vereinsgetragen, jeder kann Mitglied werden.

TIPP In der Bibliothek, im Foto-, Postkarten- und Zeitungsarchiv kann nach Absprache recherchiert werden.

**Rhein-Museum Koblenz, Charlottenstraße 53 a, 56077 Koblenz, Tel. (02 61) 70 34 50**
**www.rhein-museum.de**

**ÖPNV: Linien 9/19, 10, Haltestelle Ehrenbreitstein Bahnhof**

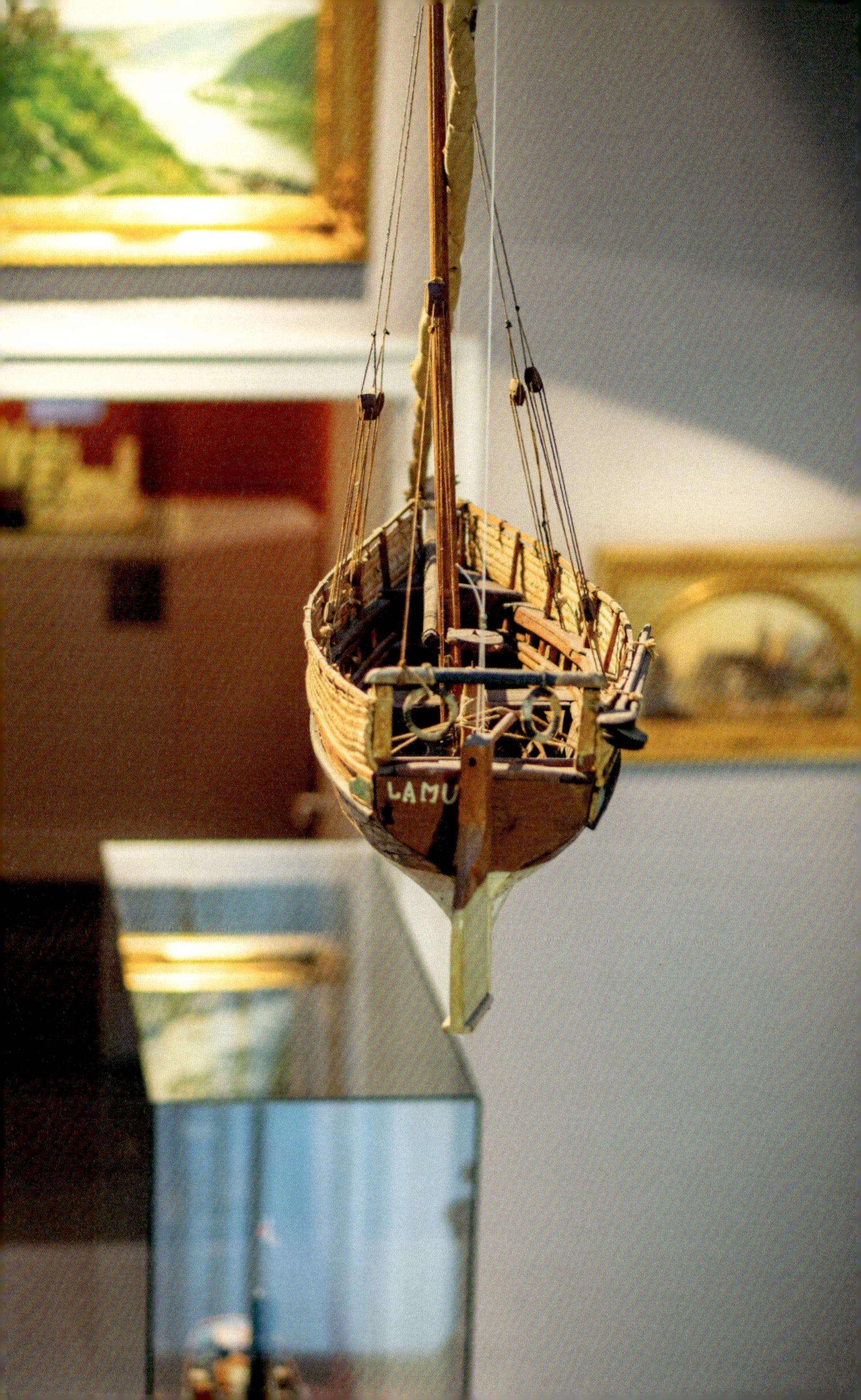
LAMU

# Die Balance finden

## 23 *Naturheilpraxis Ki-Harmonie*

Der Rücken schmerzt, die Gelenke sind unbeweglich, seit Tagen quält die Migräne und die Stimmung ist auch nicht die beste. Dann wird es Zeit für einen Termin in der Naturheilpraxis Ki-Harmonie von Joachim Eckermann. Hier lässt der Heilpraktiker seine Patienten erst einmal in Ruhe ankommen. Mit seiner sympathischen Art gelingt es ihm rasch, eine vertrauensvolle Basis aufzubauen. Man spürt schnell, bei ihm kann man offen und ohne Hektik über Beschwerden und Symptome sprechen, sowie Ängste und Sorgen loswerden. Joachim Eckermann achtet dabei auf kleinste Details. Es tut gut, dass er nicht gleich für jedes Problem eine Lösung hat, sondern den Menschen als Ganzes betrachtet. Für ihn ist die Ursache der Beschwerden nicht immer da, wo der Schmerz ist. Streckt man sich dann nach dem bereits aufmunternden Gespräch auf der roten Behandlungsliege aus, ist die eigene Stimmung schon besser. Das aus dem Anamnesegespräch gewachsene Vertrauen steigert die Erwartungshaltung an die Behandlung. Während der kleine Zimmerbrunnen in dem bewusst schlicht eingerichteten Behandlungszimmer vor sich hin plätschert, untersucht und behandelt Joachim Eckermann mit geschultem Blick und sensiblen Händen Gelenk- und Rückenbeschwerden. In sein fundiertes Fachwissen fließen seine Kenntnisse der menschlichen Bewegungsmuster aus Qigong und Taiji Quan sowie dem Turniertanzsport ein. So gelingt es ihm, die wirkliche Ursache der Beschwerden zu finden und mittels manueller Techniken zu behandeln. Dabei fordert Joachim Eckermann seine Patienten immer wieder auf, achtsam das eigene Befinden zu erspüren und sich ihm mitzuteilen. Und das tut gut, dem Körper wie der Seele. Oft entstehen auch spontan Gute-Laune-Gespräche. Am Ende der Behandlung steigt man rückengerecht von der Liege und spürt sofort die wiedergewonnene Beweglichkeit. Mit einem Lächeln verlässt man die Praxis, jedoch nicht ohne einen weiteren Termin zu vereinbaren. Denn ein Da-kann-man-nix-Machen gibt es bei Joachim Eckermann nicht.

TIPP Nach abgeschlossener Behandlung mit einem Kurs in Bewegung bleiben.

**Naturheilpraxis Ki-Harmonie, Hohenzollernstraße 130, 56068 Koblenz, Tel. (02 61) 50 08 92 20**
**www.ki-harmonie.de**
**ÖPNV: Linie 1, 7, 11, Haltestelle Schenkendorfplatz**

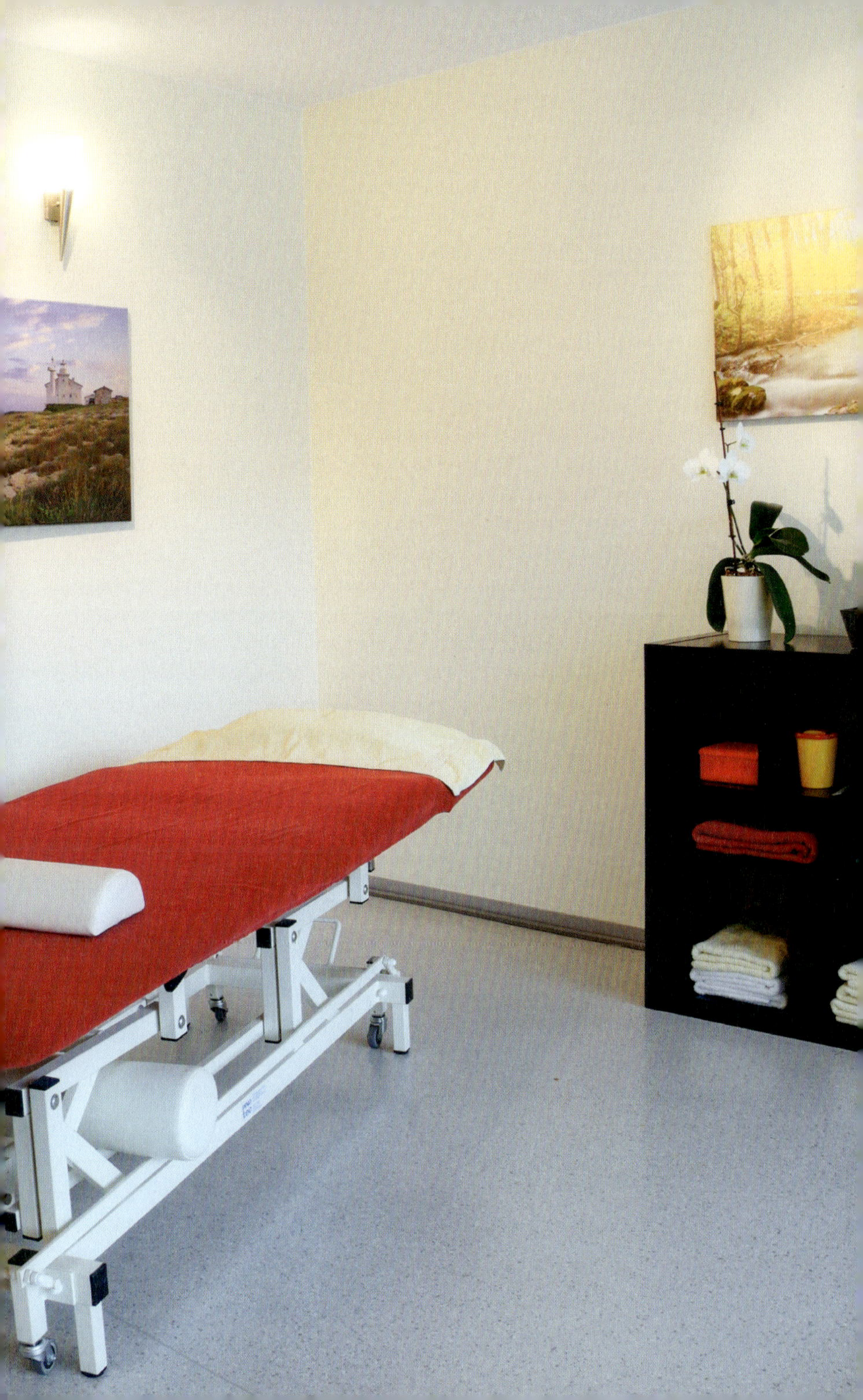

# Koniks und Taurusrinder

## 24 *Naturreservat Schmidtenhöhe*

Die Schmidtenhöhe, ein ehemaliger Panzerübungsplatz, ist heute ein einzigartiges Naturschutzgebiet. Hier trifft man wild lebende Taurusrinder und Koniks, eine Ponyrasse aus dem mittel- und osteuropäischen Raum, und bestaunt Gelbbauchunken und Kammmolche, bunte Schmetterlinge und Vogelarten wie Neuntöter oder Goldammer. Beim Blick in den Himmel erfreut man sich an Milan und Falke. Und in den Abendstunden beobachtet man den Flug der Fledermäuse oder wuselnde kleine Nagetiere. Duftende Blumen, Brombeersträucher, seltene Orchideen wie Bienenragwurz, Pyramidenorchis oder das stark gefährdete Übersehene Knabenkraut wachsen entlang der Wege und auf Wiesen. Bis 1992 wurde das große Gelände militärisch genutzt, zuletzt von der Bundeswehr. Zu den Nutzungsbereichen gehörte unter anderem die Ausbildung von Panzerfahrern, Pionieren und Fernmeldern. So entstand über Jahrzehnte eine vegetationsarme Landschaft mit vielen Wasserlöchern, die zum Biotop für eine ganze Reihe von Tier- und Pflanzenarten wurde. Durch eine Ganzjahresbeweidung mit robusten Rindern und Pferden kann das Biotop als halboffene Weidelandschaft erhalten werden. Die Tiere sorgen dafür, dass eine Verbuschung des Geländes aufgehalten wird. Zu verdanken ist das dem NABU Rheinland-Pfalz und seinen Unterstützern, die sich bereits seit mehr als einem Jahrzehnt erfolgreich für den Erhalt von Flora und Fauna auf der Schmidtenhöhe einsetzen.

**TIPP** Etwas Besonderes sind die kostenfreien thematischen Führungen des NABU Koblenz über das Gelände.

Das einzigartige Naturrefugium kann man auf einem zirka 5 Kilometer langen Rundweg um das Weidegelände zu jeder Jahreszeit und mit festem Schuhwerk erwandern. Von sechs Aussichtstürmen kann man zwischendurch immer wieder die Tiere beobachten. 16 hübsch gestaltete Informationstafeln bieten einen spannenden Überblick zu den dort vorkommenden Arten und deren Lebensraum. Und an den schönen Rastplätzen mundet die mitgebrachte Brotzeit hervorragend.

**Schmidtenhöhe, Alte Heerstraße (Panzerstraße), 56077 Koblenz**
**ÖPNV: Bus 6/16, Haltestelle Gneisenau Kaserne, von dort 15 Minuten Fußweg**

# Schön wie ein Filmpalast

## 25 *Odeon-Apollo-Kino mit langer Tradition*

Nirgendwo kann man mit seinen persönlichen Filmhelden besser mitfiebern, staunen, lachen, weinen, leiden oder sich gruseln als im Kino. Gemütlich in weichen Sesseln lümmeln, frische Nachos und knackiges Popcorn knabbern und der Welt da draußen für eine spannende Filmlänge entfliehen – was für eine schöne Vorstellung. Und welch guter Grund für einen Besuch im familiengeführten Odeon-Apollo-Kinocenter. Zwölf Filme werden wöchentlich im bunt gemischten Programm angeboten: Blockbuster, Filmklassiker, Familienfilme, auch Arthouse-Streifen und Nischenproduktionen. Es gibt sechs mit moderner Technik ausgestattete Kinosäle, drei im Odeon- und drei im Apollo-Kino. Der größte Saal hat 340 bequeme Sitzplätze vor einer 110 Quadratmeter großen Leinwand. 70 Sessel davon sind im Balkon. Im kleinsten Saal hingegen ist es mit 66 Plätzen eher kuschelig. Vier der sechs Kinosäle verfügen über 4K-Digitalprojektoren, die mit der vierfachen Auflösung arbeiten und 3-D-fähig sind. Wer sich zum Filmvergnügen im Odeon- oder Apollo-Kino entschließt, entscheidet sich gegen jeglichen Multiplex-Kino-Charme. Es gibt kein grelles Neonlicht im Foyer, keine arenaartigen Säle, keine Bars. Dafür bestaunt man Marmorwände, Stuckdecken und eine Einrichtung im Art-déco-Stil. Anzeichen, die auf eine lange Kinotradition deuten. Das Odeon ist das älteste Kino der Stadt. 1911 zuerst als Café eröffnet, war es danach Varieté mit Tanzkapelle. Nach dem Zweiten Weltkrieg wurde es zum Kino umgebaut. Die Zeichen der Zeit hat man im Odeon-Apollo-Kinocenter aber nicht verpasst. Neben dem normalen Lichtspielbetrieb gibt es immer wieder erstklassige Filmevents mit Stummfilmen und Livepiano, Übertragungen aus der Met Opera oder auch die Alp-Con Cinema Tour, Apollo-Classics oder Kaffee & Film. Auch der erste Koblenzer Autokino-Event wurde von diesem Kinocenter veranstaltet. Für Schulklassen werden in Absprache Sondervorstellungen angeboten. Bleiben bei der Vielfalt noch Wünsche offen? Ja, einer: Rasch ins Kino!

TIPP **Nach dem Kinobesuch im Restaurant Bistro Hexenkessel italienisch essen.**

**Odeon-Apollo-Kinocenter, Löhrstraße 78 und 88, 56068 Koblenz, Tel. (02 61) 3 11 88 und 1 27 79**
**www.odeon-apollo-kino.de**
**ÖPNV: Linie 2/12, 9, Haltestelle Brüderkrankenhaus**

ODEON
STUDIO

# Aufzug für Schiffe

## 26 *Staustufe Koblenz*

Langsam, wie in Zeitlupe, läuft das große Frachtschiff in die geöffnete Schleusenkammer. An Back- und Steuerbord scheinen für das Schiff nur wenige Zentimeter Platz zu sein. Beim Beobachten des Schleusens hält man den Atem an und hofft für einen kurzen Moment, dass der Kapitän seinen Frachter sicher durch die Schleuse bringen wird. Vom Stahlsteg aus, der für Fußgänger wie Radfahrer über die Staustufe führt, kann man alles mit Ruhe beobachten. Man sieht wie sich das Tor schließt, das Wasser je nach Schleusengang sinkt oder steigt, das Schiff wieder langsam die Schleuse verlässt. Währenddessen erkundet man mit Blick von oben das Schiff. Es macht Freude zu rätseln, welche Fracht es wohl geladen haben mag, wo und wie die Binnenschiffer in ihrem schwimmenden Zuhause leben, wer an Bord ist oder wohin die Reise gehen wird. Hin und wieder wechselt man die Seite, schließlich will man ja nichts verpassen. Dabei merkt man gar nicht, wie die Zeit vergeht. Wenn das Schiff die Schleuse verlässt, zollt man der Besatzung Respekt und ertappt sich wehmütig bei dem Gedanken, selbst mit auf die Reise gehen zu wollen.

**TIPP** Das Mosellum, Erlebnisausstellung zur Schifffahrt, zur Fischwanderung und Stromerzeugung ansehen.

Die 1951 fertiggestellte Staustufe ist die älteste Anlage, die im Zuge der Moselkanalisierung entstand und bei Moselkilometer 1,94 die letzte Staustufe vor der Mündung in den Rhein. Sie ist mit einem dreifeldrigen Walzenwehr, zwei Schleusen für Großmotorgüterschiffe, einer Bootsschleuse, einem Wasserkraftwerk und einer Fischtreppe ausgestattet. Schiffe bis zu einer Länge von etwas mehr als 172 Metern und einer Breite von etwa 12 Metern sowie Sportboote können die Staustufe passieren. Mit dem Bau der Staustufe wurde 1941 begonnen. Die Entwürfe stammen aus den Jahren 1938 bis 1940. Vollendet wurde der Bau zwischen 1948 und 1951 unter Regie der französischen Besatzungsmacht. Es fällt schwer, den Blick von der Schleuse zu lösen, denn vor dem Tor wartet bereits das nächste schwere Frachtschiff. Und neugierig fragt man sich, wie der Kapitän dieses Schiffes das Schleusen wohl meistern wird.

**Staustufe Koblenz, Peter-Altmeier-Ufer 1, 56073 Koblenz**

**ÖPNV: Bus 3/13, Haltestelle Baedekerstraße, etwa 10 Minuten Fußweg**

# Wahrzeichen von Metternich

## 27 *Western-Windrad und Grillhütte*

Auf dem Grill brutzeln saftige Steaks und würzige Rostbratwürstchen. Partymusik mischt sich mit buntem Stimmengewirr und fröhlichem Gelächter. Der Blick von hier oben geht herrlich weit – über Wiesen, Felder, die Stadt. An diesem gut hergerichteten Grillplatz kann man ungestört feiern und dabei einen wunderbaren Ausblick genießen. Das große Gelände, auf dem sich ein massiv gebautes Haus mit etwa 50 Sitzplätzen befindet, nennt sich „Grillhütte Alte Windmühle". Doch kaum einer, der hier schon einmal gefeiert hat, weiß warum.

Der Grillplatz, welcher über den Förderverein zur Erhaltung der Windmühle e. V. gebucht werden kann, befindet sich direkt an einem originalen Western-Windrad, umgeben von drei alten Bäumen. Es wurde 1912 wohl nach den Plänen vom Ingenieur und Regierungsbaurat Max Weidtman errichtet. Diese Art Windräder kamen im 19. Jahrhundert aus Nordamerika. Sie dienten als Antrieb für ein Pumpwerk, das meist für die Be- oder Entwässerung genutzt wurde. Das hiesige Windrad versorgte lange Zeit das nahe gelegene Weidtmansche Schlösschen mit frischem Wasser. Dessen Bauherr war, wie der Name vermuten lässt, ebenfalls Max Weidtman. Die 15 Meter hohe Stahlkonstruktion mit einem Vielblattrotor, an dem eine Fahne zur Windrichtungsnachführung angebracht wurde, ist sehr beeindruckend, gleich aus welcher Entfernung man das Windrad betrachtet. Steht man direkt unter dem heutigen Wahrzeichen des Stadtteils Metternich, kann man sich anhand der imponierenden Konstruktion gut vorstellen, wie viel Kraft und Dynamik seinerzeit dahintersteckten. Heute steht das Windrad still, denn es hat seine Aufgabe längst erfüllt. Allerdings lieben die Vögel den Platz zwischen den Querverstrebungen und zwitschern fröhlich, während am Grillfeuer geredet, gelacht, getanzt und gegessen wird. Leuchten dann am Abend noch hoch oben die Sterne und tief unten die Lichter der Stadt, wird es so richtig romantisch.

TIPP Unbedingt Schönbornbrünnchen besichtigen, die erste kurfürstliche Wasserleitung der Stadt Koblenz.

**Grillhütte Alte Windmühle, Trierer Straße, 56070 Koblenz**
**ÖPNV: Bus 4/14, Haltestelle Neugasse, etwa 15 Minuten Fußweg**

# Heimlicher Beobachter

## 28 *Kapelle St. Antonius Eremit in Bisholder*

Bisholder ist ein Stadtteil von Koblenz, den man meist erst auf den zweiten Blick entdeckt. Er liegt hoch über dem Tal der Mosel zwischen Obstplantagen südwestlich vom Stadtteil Güls in Richtung des Weinörtchens Winningen. Erstmals erwähnt im Jahr 1019 stehen heute vom historischen Ortskern nur noch wenige Bauten, darunter ein Fachwerkhaus, ein altes Bruchsteinhaus und die kleine katholische Kapelle St. Antonius Eremit.

Diese liegt mitten im Ort, fast ein wenig unscheinbar, wenn man von der Existenz der 1546 erstmals erwähnten Kapelle nichts weiß. Eine schmale, jedoch weit geöffnete Tür lädt zum Betreten des kleinen, gotischen Rechteckbaus ein. Bis zum Altar braucht es nur wenige Schritte, vorbei an alten Holzbänken, auf denen nicht viele Menschen Platz finden. Im Chor steht ein steinerner Altar. Über dem Chorbogen befinden sich die Figur des heiligen Antonius, ein Schwein zu dessen Füßen, ein Buch in der Linken und ein Antoniuskreuz mit Bettlerglocken in der Rechten. Rechts neben dem Eingang führt eine sehr schmale Holztreppe hinauf zur Empore mit einem Geländer aus Brettbalustern. Auch wenn man den Kopf einziehen muss, die wenigen Stufen sollte man unbedingt hinaufsteigen und sich dort oben niederlassen. Eingehüllt in eine recht angenehme Kühle blickt man über die Brüstung hinab. Man fühlt sich plötzlich wie ein stiller, gar heimlicher Beobachter, denn man kann ganz unbemerkt in den schlicht gehaltenen Altarraum blicken. Ob hier die Neugeborenen die Taufe erhielten? Wie viele Paare wurden wohl hier in der kleinen Kapelle getraut? Feierten die Bewohner des Ortes gemeinsam hier christliche Feste? Sich das religiöse Leben jener Zeit vorzustellen, lenkt den Blick unmerklich auf das eigene Leben. Die angenehme Stille dieses Ortes lädt geradezu dazu ein, seinen Gedanken Raum und Zeit dafür zu geben.

TIPP

Den Besuch der Kapelle mit einer Radtour oberhalb der Höhen nach Winningen verbinden.

**Kapelle St. Antonius Eremit, In Bisholder, 56072 Koblenz**
**ÖPNV: Bus 3/13, Haltestelle Bisholder**

# Kleinod für Jung und Alt

## 29 *Garten Herlet in der Altstadt*

Im Jahr 1980 schenkte Agnes Herlet der Stadt Koblenz ein 850 Quadratmeter großes Gartengrundstück mitten in der Altstadt. Ihr Wille war es, dass die Menschen sich an diesem grünen Kleinod erfreuen, es nutzen, um sich darin wohlzufühlen. Und das tun sie bis heute. Der Garten ist seit September 2011 ein beliebter Erlebnis-, Begegnungs- und Rückzugsort – generationenübergreifend. Jung und Alt können und sollen hier gemeinsam werkeln, sich austauschen, voneinander lernen. So entdecken die einen, wie Gemüse angebaut, gepflegt und geerntet wird. Andere nutzen das Areal für gartentherapeutische Zwecke oder veranstalten kleine Feste. Wiederum andere ziehen sich nach Ruhe sehnend auf die Bänke im Grünen zurück oder lassen sich mit Vergnügen dort fotografieren. Der Garten eignet sich hervorragend als Fotomotiv und wird besonders von Liebes- oder Brautpaaren als Shootingort geschätzt. All das würde Agens Herlet, nach der der Garten übrigens benannt wurde, sehr zufriedenstimmen. Das Grundstück gehörte vom 15. Jahrhundert bis zum Ende des 19. Jahrhunderts zum Eltz-Kempenicher Hof. In überlieferten alten Plänen ist dieses Areal immer als Weinberg oder Garten vermerkt. Dass es sich dabei wohl um die einzige, niemals bebaute Fläche im Zentrum der Altstadt handelt, weiß kaum jemand. Der Garten Herlet ist ein Paradies: Urbane Biotope, ein kleiner Teich mit Fischen und vielen Libellen, Natursteinmauern mit Moosen und Farnen bewachsen, blütenreiche Wildkräuter entlang sauber angelegter Gemüsebeete, Wildbienenkästen und bemerkenswerte Stauden, die dem Erhalt seltener oder gefährdeter Insektenarten dienen. Bemerkenswert ist die große Schwarzpappel, ein Baum, der bundesweit als gefährdet gilt. All das pflegen und bewahren die vielen Ehrenamtlichen des Vereins GenerationenSchulGärten e. V. mit großer Liebe. Unterstützt vom Eigenbetrieb Grünflächen der Stadt, der sich auch immer wieder gegen eine Bebauung der Fläche starkmacht. Ganz im Sinne der letzten Besitzerin.

TIPP Am nahe gelegenen Jesuitenplatz in eines der vielen guten Cafés oder Restaurants einkehren.

- **Garten Herlet, Herletweg 9, 56068 Koblenz**
- **ÖPNV: Bus 1, 11, Haltestelle Eltzerhofstraße**

## 30 *Praxis Lifecoaching – Bewusst.Anders.Sein*

Was wäre, wenn – wenn man einfach mal frei reden könnte. Die eigenen Ängste akzeptieren, Lebenssituationen hinterfragen und herausfinden, was einem wichtig ist. Sich bewusst machen, wie man Stress bewältigt, mit Krankheiten oder belastenden Situationen umgeht. Was wäre, wenn man dafür einfach mal die Praxis von Alexandra Haußmann aufsucht? Eben noch mit Skepsis oder gar Zweifeln die Treppe hinaufgestiegen, entsteht durch das sympathische offene Lächeln der Therapeutin sofort Zuversicht. Hier ist man mit all seinen Fragen willkommen. In der Arbeit mit ihren Klienten ist es Alexandra Haußmann außerordentlich wichtig, dass Lösungsansätze und -prozesse mit ihrer Unterstützung eigenständig entwickelt werden. Gemeinsam wird anhand verschiedener Methoden das eigene Handeln reflektiert und analysiert, Kompetenzen werden erkannt und Zielsetzungen formuliert. Das heißt, während des Coachings muss man ordentlich arbeiten, und zwar an sich selbst. Das ist zunächst ungewohnt, aber letztendlich herrlich befreiend.

Seit 2009 coacht die Diplompädagogin, Heilpraktikerin, systemische Therapeutin in ihrer Praxis Erwachsene, Kinder und Jugendliche und hilft auf dem Weg, das Leben positiv zu verändern. Sie stellt dabei genau die richtigen Fragen, schaut sozusagen hinter die Stirn ihres Gegenübers. Und erstaunlich, man antwortet frei und offen. Noch vor der Praxistüre hätte man fest behauptet, das gelänge einem nicht. Fließen im Gespräch schon mal Tränen, reicht die Therapeutin beruhigend ein papiernes Taschentuch, alles völlig normal. Nach dem Gespräch spürt man eine wohltuende Erleichterung, zugleich fühlt man sich positiv motiviert. Mit einem richtig guten Gefühl macht man sich auf den Weg. Im Gepäck hat man neben wichtigen Erkenntnissen, neuen Kräften und klar formulierten Zielen auch ein großes Stück Lebensfreude. Diese hat die Therapeutin mit ihrer lebensbejahenden Art dazugepackt.

TIPP Nach dem Termin in einem der Restaurants im Weindorf Koblenz gut essen gehen.

**Praxis Lifecoaching – Bewusst.Anders.Sein, Mainzer Straße 4, 56068 Koblenz, Tel. (02 61) 98 88 46 20, lifecoaching-koblenz.de**

**ÖPNV: Bus 3/13, 5/15, 6, 8, 9/19, 10, Haltestelle Rhein-Mosel-Halle**

# Zeit für die Seele

## 31 *Schönstattzentrum Koblenz-Metternich*

Im Stadtteil Metternich befindet sich eine neuklassizistische Villa mit großer Gartenanlage, das Weidtmansche Schlösschen. Im Jahr 1950 kauften die Schönstätter Marienschwestern dieses Haus und errichteten dort das Provinzialat ihrer Westprovinz. Das heutige Schönstattzentrum „Haus Providentia" ist ein Ort der Besinnung und der Erholung. Einzelbesucher, aber auch größere Gruppen finden sich hier ein, um den Alltag loszulassen, die Natur bewusst zu erleben und Zeit für sich zu haben. Gut geeignete Plätze dafür findet man nicht nur in den unterschiedlichen Räumlichkeiten im Gebäude, sondern auch in dem sehr inspirierend angelegten Garten. Das Tor ist am Tage stets weit und einladend geöffnet. Im Inneren gibt es eine große Rasenfläche mit einem Schalenbrunnen, auf dem eine Figur der Maria Immaculata mittig platziert ist. Außerdem gibt es ein achteckiges Belvedere aus Holz mit pyramidenförmigem Dach und einzeln stehende Bänke bei der Figur des segnenden Paters Joseph Kentenich, der 1914 im Übrigen die Schönstatt-Bewegung gegründet hat. Namensgebend für diese apostolische Bewegung war jedoch nicht der Geistliche selbst, sondern der Ort, an dem sie entstanden ist: Schönstatt, ein Ortsteil der Stadt Vallendar bei Koblenz. Die internationale Schönstatt-Bewegung gehört innerhalb der katholischen Kirche zu den älteren der großen Bewegungen und neuen geistlichen Gemeinschaften.

**TIPP** Als längere Auszeit einen der sechs Pilgerwege laufen, die in Schönstatt enden.

Im Garten befindet sich auch eine ebenerdige, weiß verputzte Kapelle, die eine Kopie des Altars aus Schönstatt beherbergt. Die Atmosphäre in der kleinen schlichten Kapelle ist schon fast magisch. Man verspürt unmittelbar den drängenden Wunsch, sich auf einer der wenigen dunklen Holzbänke niederzulassen. So zurückgezogen, fällt es leicht innezuhalten, Freude bewusst zu empfinden und tägliche Routinen einmal zu durchbrechen. Bisweilen setzt sich ganz leise eine der Schönstätter Marienschwestern dazu. Still sitzt man eine kleine Weile nebeneinander. Manchmal kommt man ins Gespräch, über das Leben, über Gott und die Welt.

**Schönstattzentrum Koblenz-Metternich, Trierer Straße 388, 56070 Koblenz, Tel. (02 61) 2 70 10**
**www.schoenstatt-zentren.net**
**ÖPNV: Bus 4/14, Haltestelle Neugasse**

# Eldorado für Kids

## 32 *Wasserspielplatz am Deutschen Eck*

Hier möchte man selbst gerne wieder Kind sein. Durch riesige Wasserfontänen laufen, während diese abwechselnd hoch und runter schnellen. Immer wieder den Buzzer drücken, um einen Wasserstrahl aus den Düsen zu locken. Kleine Stauwehre öffnen oder schließen und so das Wasser über den Platz nach eigenen Vorstellungen fließen lassen. Über Steine balancieren, auf den Ausguck klettern – der große Wasserspielplatz am Deutschen Eck ist ein echter Knaller für Kids.

Auf dieser zur Bundesgartenschau 2011 gebauten Spielfläche können Kinder nach Lust und Laune rutschen, spritzen, toben. Die unterschiedlichen Spielstationen sind in einen Wasserteppich eingebettet, der aus einem in der Tiefe liegenden Tank, der 10.000 Liter Wasser fasst, immer wieder frisch gespeist wird. Um den Spielplatz herum gibt es Bänke, von denen aus die Eltern ihren Sprösslingen beim Erkunden der Wasserwelt zusehen und dabei einfach mal entspannen können. Denn bei den Wasserattraktionen ist Teamwork angesagt und es spielt sich hervorragend mit anderen Kindern. „Wasser marsch" heißt es immer wieder, gefolgt von frohem Lachen und munterem Kreischen. An besonders heißen Tagen findet sich ein kühles Plätzchen auf den angrenzenden Wiesen, denn diese sind teilweise durch Bäume schattig überdacht. Kommen der kleine Hunger oder Durst, muss man das Spielen nur kurz unterbrechen, denn nebenan befinden sich ein Biergarten und ein Eiscafé.

TIPP Das nahe gelegene Ludwig Museum bietet Workshops für Kreative.

Auch die Lage des Wasserspielplatzes ist etwas Besonderes. Lässt man den Blick schweifen, sieht man das Deutsche Eck, das Moselufer, das Deutschherrenhaus und die Basilika St. Kastor. Das Wasser-Eldorado ist von 11 bis 19 Uhr geöffnet und ein Besuch ein absolutes Muss an heißen Sommertagen. Es bietet so viel Aktion und Abwechslung, dass man die Kids auch nach einem langen Aufenthalt nur schwer zum Nachhausegehen überzeugen kann.

**Wasserspielplatz am Deutschen Eck, Danziger Freiheit 3, 56068 Koblenz**

**ÖPNV: Bus 1, 11, Haltestelle Deutsches Eck/Seilbahn**

# Im Paradiesgarten

## 33 *Blumenhof an der Basilika St. Kastor*

Daumen hoch für den Blumenhof, einer gepflegten Parkanlage zwischen Ludwig Museum, Seilbahn, Basilika St. Kastor und Gerhards Genussgesellschaft. Verweilt man hier, hat man entweder hervorragenden Kunstgenuss, eine Fahrt nahe den Wolken, meditative Stille oder ein Essen der Spitzenklasse hinter sich. Vielleicht sucht man aber auch nur die Ruhe, wenn man sich auf einer der Bänke niederlässt. Der Blumenhof teilt sich in einen farbenprächtigen Blütengarten, einen meditativen Paradiesgarten und in einen kunstreichen Skulpturenhof. In Letzterem können markante Kunstwerke zum Ludwig Museum bestaunt und gedeutet werden. Dazu zählt auch Césars Bronzeplastik „Le Pouce/Der Daumen“, dessen 12 Meter hohes Pendant am Pariser Hochhausviertel Le Défense steht. Der Blüten- oder viel besser Blumengarten beeindruckt durch eine Vielfalt herrlich bunt blühender Pflanzen, die immer auf die Jahreszeit abgestimmt sind. Dazwischen liegen zwei große Wasserfontänefelder. Soll man nun die Augen schließen, um sinnlichen Blütenduft zu genießen oder eher um dem munter plätschernden Wasser zuzuhören? Am besten tut man beides! Zum Besinnen lädt vor allem der verwunschene Paradiesgarten ein. Dieser ist von Hecken umgeben und mit Pflanzen aus der biblischen Mythologie um ein Wasserbecken herum gestaltet. Der Blumenhof hat sein neues Gesicht zur Bundesgartenschau 2011 erhalten. Bei den Bauarbeiten entdeckte man sogar Überreste eines frührömischen Kastells aus dem 1. Jahrhundert.

TIPP Im Ludwig Museum finden sonntags um 15 Uhr öffentliche Führungen zu Wechselausstellungen statt.

An den Wochenenden kann man im Blumenhof neben Museumsbesuchern und bummelnden Touristen auch Brautpaare treffen, die sich die Gartenanlage für ihre Traumfotos für diesen schönsten Tag ausgesucht haben. Von so viel Glück inspiriert, kehrt man am besten direkt bei Gerhards Genussgesellschaft ein. Auf der Sonnenterrasse oder im schönen alten Gewölbe lässt man es sich mit feiner Küche und edlen Tropfen gut gehen.

**Blumenhof, Danziger Freiheit, 56068 Koblenz**
**ÖPNV: Bus 1, 11, Haltestelle Deutsches Eck/Seilbahn**

## 34 *Lange Tafel und Schmuckkästchen am Schloss*

Ein Ort der Begegnung, ob in Familie oder mit Freunden, mit Kollegen oder im Verein, ob spontan oder geplant – die Lange Tafel vor dem Kürfürstlichen Schloss lädt zum Picknick ein. Manchmal allerdings sind schon früh alle Plätze auf den Holzbänken an dem 33 Meter langen Tisch aus massiver Eiche besetzt. Da hilft nur zusammenrücken. Das tun diejenigen gern, die bereits einen Platz gefunden haben. Hier genießt man Miteinander! Allein ist man selten. Seit der Bundesgartenschau ist die Lange Tafel ein besonderer Anziehungspunkt für die Menschen in der Stadt. Sie lieben es, hier zu sitzen, die Sonne zu genießen oder in geselliger Runde herrlich zu tafeln und zu feiern. Dafür braucht es nur einen gut gefüllten Picknickkorb, vielleicht Sitzkissen und viel Appetit. Meist verweilt man länger als geplant. Wenn alle Speisen und Getränke verzehrt sind, läuft man halt rasch in das Café im Kurfürstlichen Schloss und holt frischen Kaffee und leckeren Kuchen. Sozusagen mit Coffee to go zurück in die Sonne. Besonders Familien mit Kindern lieben diesen Ort. Nach einem gemeinsamen Outdoor-Frühstück zieht es die Kids zum angrenzenden barrierefreien Spielplatz. Verständlich, denn die Spielgeräte auf dem weichen Fallschutzbelag sind eigens für diesen Platz entworfen und angefertigt worden. Im „Schmuckkästchen der Kaiserin" schaukelt oder wippt es sich wunderbar in einer großen Haarnadel oder in einem überdimensional großen Spiegel. Zum Klettern steigen die Mutigen auf die Krone der Kaiserin und zum Rutschen geht es auf den Berg, eine Perlenkette aus großen Kunststoffkugeln. Die Kids finden diese so anderen Spielgeräte „richtig cool" und erobern sie zusammen mit ihren neuen Spielplatzfreunden im Nu. Wenn das ausgelassene fröhliche Spiel Hunger oder Durst bereitet, ist es nur ein kurzer Weg zurück an die Lange Tafel, an der die Verweilenden munter miteinander plaudern. Ein Schluck aus der Familienteekanne und geschwind geht es zurück. Man muss schließlich noch vieles ausprobieren.

TIPP Vor dem Schloss gibt es auch einen beliebten Skaterplatz für Jugendliche.

**Lange Tafel mit Spielplatz „Schmuckkästchen der Kaiserin", Kurfürstliches Schloss, Neustadt, 56068 Koblenz**

**ÖPNV: Bus 1, 3/13, 6/16, 8, 9/19, 10, Haltestelle Stadttheater/Schloss**

# Froschkonzert inklusive

## 35 *Entspannen im Biergarten des Contel-Hotels*

Warum erst in die Auen schweifen, wenn das Froschkonzert doch liegt so nah? Willkommen im Biergarten des Contel-Hotels, dem Biergarten, in dem Gäste freiwillig verstummen, um dem vielstimmigen Gesang von Fröschen, Kröten und Unken zu lauschen. Diese quaken herzerwärmend vom Frühjahr an mal lauter und mal leiser in einem großen, wunderschön angelegten und sehr gepflegten Teich-Domizil mitten im Biergarten. Doch das ist nicht der einzige Grund, warum man hier einkehren sollte. Genau hier gibt es nämlich fantastische Cheeseburger, saftig, mit viel Fleisch, karamellisierten roten Zwiebeln, Käse, Tomate, Gewürzgurke und hausgemachter Burger-Sauce. Manch einer behauptet sogar, es seien die besten Cheeseburger in der Stadt. Dazu ein kühles Helles. Das Leben kann so lecker sein! Aber auch der Flammkuchen ist nicht zu verachten. Knusprig, hauchdünn mit Schmand, Zwiebeln und Speck belegt, mundet die im Holzofen zubereitete Elsässer Spezialität. Für den kleinen Hunger gibt es Würstchen, Pommes oder Brezeln. Dass man sich Speisen und Getränke entweder an der Restaurantbar des Hotels oder im Verkaufshäuschen des Biergartens selbst holen muss, stört überhaupt nicht. Im Gegenteil, auf dem Weg dorthin hat man vielleicht sogar Glück und kann einen der Sänger im Wasser entdecken oder die unfassbar schönen Blüten der Seerosen bewundern. Der gemütliche Biergarten mit rund 300 Sitzplätzen liegt direkt am Mosel-Radweg in unmittelbarer Nähe der Moselstaustufe und ist keine zehn Radminuten vom Deutschen Eck, dem Zielpunkt des Radfernwanderwegs, entfernt. Warum also nicht gleich hier haltmachen, sich stärken und auf den Erfolg der bewältigten Kilometer anstoßen. Besonders heimelig wird es am Abend, wenn bei Einbruch der Dunkelheit die Lichterketten angehen. Selbst bei Usselwetter kann man hier vergnügt verweilen, denn dann sucht man sich einfach ein überdachtes Plätzchen. Und Frösche quaken schließlich auch bei Regen.

TIPP Ein prima Angebot ist ein Bücherschrank im Biergarten, wo man Lesestoff direkt ausleihen kann.

**Biergarten am Froschteich, Pastor-Klein-Straße 19, 56073 Koblenz, Tel. (02 61) 4 06 50**
**www.contel-koblenz.de**
**ÖPNV: Linie 3/13, Haltestelle Ludwig-Erhard-Straße**

# Glücklich schweben

## 36 *Seilbahn Koblenz*

Leise und gleichmäßig schweben die Gondeln im Minutentakt aus der Talstation hinauf zur Festung Ehrenbreitstein. Ebenso kehren sie wieder zurück. Eine Weile ihren Weg über den Rhein bergauf und bergab zu beobachten, macht Lust, selbst in eine der 18 Panoramakabinen einzusteigen. Das ist wahrlich eine gute Entscheidung. Der Blick auf und über die Stadt bis weit ins UNESCO Welterbe Oberes Mittelrheintal ist spektakulär, einzigartig, beispiellos. Wenn man Glück hat, erwischt man Gondel Nummer 17. Diese hat ein Glaselement im Boden, durch das man nach unten auf den Rhein schauen kann. Vergnügt bestaunt man auf der etwa siebenminütigen Fahrt die wunderschöne Gegend, schaut auf Gebäude, Brücken, Straßen, auf Schiffe und erfreut sich am Zusammenfluss von Vater Rhein und Mutter Mosel. Schnell noch ein paar Fotos, bevor die Fahrt zu Ende geht. Diese kann man sogar direkt an die Daheimgebliebenen senden, denn in den Kabinen wie in Berg- und Talstation steht kostenfreies WLAN zur Verfügung. Bisher gibt es deutschlandweit keine weitere Seilbahn mit solch einem Angebot. Die Seilbahn Koblenz wurde – wie vieles in der Stadt – zur Bundesgartenschau 2011 gebaut. Deutschlands erste Dreiseilumlaufbahn kann in einer Stunde 7600 Personen befördern. Das sind 35 Passagiere pro Gondel, die auf einer Länge von 890 Metern einen Höhenunterschied von 112 Metern überwinden können. Die Seilbahn verbindet die Rheinanlagen in Höhe der Basilika St. Kastor mit dem lebendigen Kulturzentrum Festung Ehrenbreitstein. Das ist damit die schnellste Verbindung zwischen Innenstadt und Festungsplateau. Und auch die schönste! Nach Zustimmung der UNESCO kann die Seilbahn weiter bis zum Ende ihrer längstmöglichen Betriebsdauer im Jahr 2026 über den Rhein gondeln. Die größte Seilbahn nördlich der Alpen wurde errichtet, um das hohe Besucheraufkommen während der Bundesgartenschau zu bewältigen. Heute ist sie eine der beliebtesten Attraktionen, längst nicht nur für Touristen, sondern auch für die vielen Menschen, die hier leben.

TIPP Die Jahreskarte beinhaltet Seilbahnfahrten, Eintritt in die Festung und zu dortigen Veranstaltungen.

**Seilbahn Koblenz, Talstation, Konrad-Adenauer-Ufer, 56068 Koblenz, Tel. (02 61) 20 16 58 50**
**www.seilbahn-koblenz.de**

**ÖPNV: Bus 1, 11 Haltestelle Deutsches Eck/Seilbahn**

# Eiszeit in Koblenz

## 37 *eGeLoSIa – die beste Eisdiele der Stadt*

Ananas, Banane, Brombeere, Cocos, Bitterschokolade, Yogurette, Marzipan oder Praline – das Sortiment ist so reichhaltig, dass man sich kaum entscheiden kann, weder wie viele noch welche Eissorten man probieren mag. Da hilft auch nicht der Blick aus der meist an Wochenenden langen Warteschlange auf die prall gefüllten Eisbecher der Vorbeischlendernden. Die Wahl bleibt schwer. Die Eisdiele eGeLoSIa befindet sich in der Koblenzer Altstadt, unmittelbar an der Liebfrauenkirche. Dort angeboten werden cremige Milcheissorten, fruchtige Sorbets, frischer Obstsalat mit und ohne Joghurt oder Moretto mit hausgemachter Himbeerfüllung und Schokoglasur. Hergestellt werden diese Produkte im hauseigenen Eislabor. Durch ein Schaufenster kann man einen direkten Blick auf die Zubereitung werfen, und das sogar beim Warten in der Schlange. Das Eis wird von den freundlichen Angestellten mit einem Spachtel wahlweise in kleine, mittlere oder große Becher portioniert. Dass man dabei an Italien erinnert wird, ist sicher kein Zufall. Und auch beim genüsslichen Verzehr der frisch zubereiteten Eissorten lässt sich der Sommer wie im fernen Süden schmecken. Dass es in der gläsernen Eisdiele nur wenige Sitzplätze gibt, stört ganz und gar nicht. Mit dem Eisbecher in der Hand lässt man sich einfach auf den gegenüberliegenden Steinstufen an der Kirche nieder, zwischen all den anderen frohgelaunt schlemmenden Menschen. Das ist eh viel schöner. Und während die ausgewählte kühle Köstlichkeit auf der Zunge langsam zergeht, schließt man die Augen, reckt das Gesicht zur Sonne, vernimmt nur noch aus der Ferne Gespräche und Lachen und plötzlich ist man mitten auf einem kleinen Marktplatz im sonnigen Süden. Wechselnde Angebote und neue Eiskreationen laden stets zu weiteren Besuchen ein. Wem aber der Weg zu eGeLoSIa im Herzen der Altstadt zu weit scheint, findet inzwischen zwei weitere Niederlassungen, eine in der Koblenzer Innenstadt und eine im SB-Warenhaus Globus am Bubenheimer Kreisel.

**TIPP** Die von Hans Gottfried von Stockhausen gestalteten Chorfenster in der Liebfrauenkirche besichtigen.

**Eismanufaktur eGeLoSIa, Braugasse 4, 56068 Koblenz, Tel. (02 61) 1 33 42 64**
**www.egelosia.de**

**ÖPNV: Bus 1, 2/12, 3/13, 5/15, 6/16, 7, 8, 9/19, 10, Haltestelle Zentralplatz/Forum**

GeLoSIa

# Schlemmen unter Glas

## 38 *Historisches Pegelhaus am Rhein*

Ente mit Bulgursalat und Walnuss-Orangen-Schmand oder lieber Gorgonzola-Birne mit Feldsalat, vielleicht doch eher das Risotto des Tages oder die Riesengarnelen mit Ingwersalat? Munden würden sicher auch die Gnocchi mit Trüffel oder das deftige Eifler-Schwein mit Erbsen-Portweinjuice. Auf alle Fälle gibt es zum Abschluss ein Dessert. Womit man dann letztendlich den Gaumen verwöhnt, bleibt Geschmackssache. Die Küche ist vortrefflich und die Weine sind exzellent, perfekt passend zum gehobenen Ambiente und der einzigartigen Aussicht über den Rhein hinauf zur Festung Ehrenbreitstein. Das Restaurant im Pegelhaus befindet sich im Obergeschoss des historischen achteckigen Bauwerks. Man sitzt an kleinen, fein eingedeckten Tischen bequem unter einem Glaskuppeldach. Gefühlt allein, denn das Restaurant verfügt nur über eine geringe Anzahl an Plätzen. Das macht sich auch im Service bemerkbar. Aufmerksam, ungestresst, charmant, vor allem aber sehr kundig wird empfohlen und bedient. Man hat alle Zeit der Welt, das Essen, die Aussicht und den Service zu genießen. Das Restaurant im Pegelhaus ist aber nicht die einzige Besonderheit. Links neben dem Eingang steht eine königsblaue Pegeluhr aus dem Jahr 1887. Mittels Schwimmer im Rhein wird der Pegel des Flusses gemessen. Man kann also an der Uhr den für die Rheinschifffahrt relevanten Wasserstand des Flusses ablesen. Eine witzige Sache, denn das auf den ersten Blick vertraute Ziffernblatt will dann doch erst richtig gelesen werden. Auf der rechten Seite des Eingangs befinden sich unterschiedliche Hochwassermarken aus verschiedenen Jahrhunderten. Da staunt man dann doch, wenn die Marke hoch über dem eigenen Haupte angebracht ist.

TIPP Im Sommer sitzt man wunderschön auf einer Terrasse direkt am Rhein.

Das aus dem 17. Jahrhundert stammende Gebäude wurde ursprünglich als Rheinkran gebaut und bis 1839 so genutzt. Danach fungierte es nur noch als Pegelhaus. Die letzte Veränderung erfuhr das Bijou am Rhein anlässlich der Bundesgartenschau 2011: Das Glasdach wurde aufgesetzt. Welch ein Glück!

**Restaurant im Pegelhaus, Konrad-Adenauer-Ufer 1, 56068 Koblenz, Tel. (02 61) 91 48 96 44**
**voap.restaurant-pegelhaus.de**
**ÖPNV: Bus 1, 11, Haltestelle Görresplatz**

Schänge

# Bauwerk mit Geschichte

## 39 *Alte Burg an der Mosel*

Einst, vor langer Zeit, im Jahr 1185, errichtete die Ministerialenfamilie von der Arken ein Wohnhaus am Ufer der Mosel auf den Resten eines römischen Rundturms. Aus diesem ließ der Kursfürst von Trier, Heinrich II. von Finstingen, 1277 eine Zwingburg gegen die Unabhängigkeitsbestrebungen der Koblenzer Bürger errichten. Diese war mit einer Ringmauer und einem Wassergraben umgeben. Während der französischen Herrschaft am Rhein begann 1806 eine Blechwarenfabrik ihre Arbeit in dem Gebäude. Diese schloss 1886 und ein Jahr später ging das Bauwerk in den Besitz der Stadt über. Den Zweiten Weltkrieg nahezu unbeschadet überstanden, wurde der Bau zwischen 1960 und 1962 saniert. Heute ist das Stadtarchiv dort zu finden. Diese lange Geschichte gehört zur Alten Burg, dem einzigen mittelalterlichen Gebäude in Koblenz, das seit 2002 auch Teil des UNESCO Weltkulturerbes Oberes Mittelrheintal ist.
Ihre Silhouette prägt das Bild der Stadt, gleich von welchem Standort man diese betrachtet. Am schönsten ist wohl der Blick von der im 14. Jahrhundert errichteten Balduinbrücke, einer steinernen Bogenbrücke über die Mosel. Umhüllt das Licht der untergehenden Abendsonne den dreigeschossigen Bau mit den beiden auffälligen Ringtürmen und dem bombastischen Walmdach, beschleicht einen ein stilles Glücksgefühl, das sich durch das zur Ruhe kommende Moselufer mit den ankernden Schiffen noch verstärkt. An einem schönen Anblick erfreut man sich auch stadtseits in den Außenanlagen der Alten Burg. In der schön gestalteten Parkanlage mit einem Brunnen aus dem 16. Jahrhundert kann man wunderbar verweilen, seinen eigenen Gedanken nachgehen, die Seele baumeln und sich einfach von der Sonne bescheinen lassen. Vielleicht sogar ein wenig verstecken, denn diese kleine Oase entdeckt man erst auf den zweiten Blick. Genauer gesagt, beim Blick über eine Mauer, die direkt an die Alte Burg angrenzt.

TIPP

Im Stadtarchiv zu einer Archivführung anmelden.

**Alte Burg, Burgstraße 1, 56068 Koblenz**
**ÖPNV: Bus 2/12, 5/15, 7, Haltestelle Altengraben**

# Eine Runde um die Mosel

## 40 *Staustufe und Gülser Eisenbahnbrücke*

Spazieren gehen, joggen oder radeln, die große Moselrunde eignet sich dafür hervorragend. Je nach Fortbewegung lassen sich die knapp 10 Kilometer zügig in unter 60 Minuten oder gemütlich in mehr als zwei Stunden zurücklegen. Egal wie, am Ziel ist man sich einig: Es ist schon etwas Besonderes, die Mosel zu umrunden. Beidseits der Mosel bietet sich viel Abwechslung. Und schön ist es dazu auch noch. Starten kann man die Runde eigentlich an jeder beliebigen Stelle, aber die Moselstaustufe ist ein perfekter Startpunkt, da man in der Nähe des Hotels Contel parken kann. Von dort gelangt man über das Willy-Brandt-Ufer zu einem schmaleren Uferweg bis zur Gülser Brücke. Auf dem Weg hat man immer wieder herrliche Blicke auf und über den Fluss. Selbst um Bestzeit ringende Joggende werden deshalb zum Verlangsamen ihres Tempos animiert. Nicht umsonst spricht man gerne von der malerischen Mosel. Nachdem man das Gelände des Koblenzer Ruderclubs Rhenania hinter sich gelassen hat, besteht die Möglichkeit, die Runde abzukürzen und über die Kurt-Schumacher-Brücke bereits auf die andere Moselseite zu wechseln. Es lohnt sich aber, den Weg fortzusetzen, auch wenn dieser zunächst an der befahrenen Moselstraße entlangführt. Spätestens beim Queren der Mosel über die Gülser Eisenbahnbrücke, eine 226 Meter lange Bogenbrücke, weiß man warum. Der Ausblick ist großartig! Blau schimmerndes Wasser, Weinhänge, kleine Ortschaften, Wälder – staunend betrachtet man die Schönheit des Moseltals. Von dort geht es auf der anderen Moselseite zurück, immer am Waser entlang, hin und wieder neben einer Hauptverkehrsstraße. Nicht davon abschrecken lassen, sondern einfach mal einen Blick zurückwerfen. Manchmal könnte man fast meinen, die Mosel selbst sei ein Stausee. Der weitere Rückweg zur Staustufe ist kurzweilig und bietet ebenfalls immer wieder fantastische Aussichten, sogar bis hin zur Festung Ehrenbreitstein. Am Ziel, egal wie erschöpft, ist man sich sicher: Das hat sich gelohnt!

TIPP Weg erweitern und Abstecher in den lebendigen Stadtteil Güls mit vielen Winzerwirtschaften machen.

**Moseluferrunde (Start am Hotel Contel) 56073 Koblenz**

**ÖPNV: Bus 3/13, Haltestelle Ludwig-Erhard-Straße, Fußweg von etwa 10 Minuten**

# Ein Pfund Kirschen, bitte!

## 41 *Verkaufsstand vom Obsthof Sattler*

Die einen kommen eben mal vorbei. Andere machen hin und wieder einen kurzen Stopp auf dem Heimweg. Und wieder andere sind längst zu Stammkunden geworden. Egal, ob regelmäßig oder eher zufällig, Liebhaber von Obst und Gemüse aus der Region finden hier an sieben Tagen in der Woche ihre Zutaten für die heimische Küche, saisonal und zu fairen Preisen. Das hat sich inzwischen rumgesprochen. Am Verkaufsstand ist man selten alleine. Gut so, denn wo plaudert es sich entspannter über die Zubereitung verschiedener Salatvariationen, beliebter Marmeladen oder raffinierter Mittagsgerichte als vor appetitlichem Obst und Gemüse in gut bestückten, sauberen Stiegen. Beglückt nimmt man zum vitaminreichen Einkauf ein Schmunzeln und ein gutes Rezept mit nach Hause. Manchmal sogar noch etwas mehr. Auch die selbst hergestellten Produkte vom Obsthof Sattler sollten auf dem Speiseplan daheim keinesfalls fehlen. Zu Eiernudeln, egal ob als Bandnudeln, Radiatori oder Drelli, gibt es sogar fertige Bolognese vom heimischen Maifelder Rind, transportfähig gut verpackt. Doch das ist immer noch nicht alles. Viele Erzeugnisse von anderen Direktherstellern aus der Region werden hier ebenfalls verkauft. Es gibt mehrere Kartoffelsorten, gesunde Eier aus Freilandhaltung, Fruchtsäfte und Honig von den Wiesen in Bisholder und Güls. Apropos Güls, dort ist der landwirtschaftliche Betrieb zu Hause und bietet neben dem Verkauf im Hofladen, auch noch einen Lieferservice an. Eine gute Alternative, wenn der Verkaufsstand in den Wintermonaten geschlossen bleibt. Dennoch vermisst man in dieser Zeit, eben mal schnell anzuhalten und einzukaufen. Der Verkaufsstand liegt nämlich unmittelbar neben der Bundesstraße B 416 und gehört gefühlt schon ewig hierher, so wie die Weinberge auf der gegenüberliegenden Straßenseite. Wenn die sich allerdings bunt verfärben, am Verkaufsstand Nüsse und Kürbisse angeboten werden und der Parkplatz gut gefüllt ist, weiß man, bald wird man erst wieder im nächsten Jahr einkaufen können.

TIPP Ein ganzjährig geöffneter Verkaufsautomat mit frischen Produkten befindet sich in Kobern-Gondorf.

**Verkaufsstand Obsthof Sattler, B 416 (zwischen Metternich und Güls), 56072 Koblenz, Tel. (02 61) 55 01 20 72, www.obsthof-sattler.de**

**ÖPNV: Linien 3/13 Haltestelle Fährhaus**

# Zeit am Fluss

## 42 *Rheinufer im Stadtteil Neuendorf*

Manchmal möchte man gerne allein sein. Einfach mal abschalten, fern der Alltagshektik das Nichtstun genießen oder seine Gedanken fließen lassen. Und das kann man wunderbar am Ufer eines Flusses, wenn man über das Wasser schaut, die Schiffe vorbeiziehen sieht, das Kreischen der Möwen hört. Beiderseits am Rheinufer gibt es viele Stellen, an denen das ohne größere Anfahrtsschwierigkeiten möglich ist. Eine davon befindet sich im Stadtteil Neuendorf. Unterhalb der Pfarrkirche St. Peter, dem Wahrzeichen dieses Stadtteils, befindet sich ein direkter Zugang zum Fluss. Kiesel- statt Sandstrand, aber das stört nicht wirklich, denn auf den großen am Ufer liegenden Steinen kann man wunderbar sitzen. Wenn der mächtige Fluss wenig Wasser hat, meist in den Sommermonaten, kann man mit den Füßen sogar baden gehen und sich von kleinen Kieselsteinen sanft die Fußsohlen massieren lassen. Urlaub, denkt man plötzlich und schaut einem langsam vorbeifahrenden Schiff sehnsüchtig nach. Man kann sich aber auch mit einem guten Buch oder der Tageszeitung allein an das Flussufer hocken oder mit dem Herzensmensch den Abend verbringen. In der Abenddämmerung Teelichter aufstellen, einen regionalen Wein aus den mitgebrachten Gläsern genießen, dazu ein Stück vom herzhaften Käse. So einfach kann Glück sein. Selbst die Musik aus dem Handy klingt dann nach einem großen Konzert. Möchte man vorher oder nachher etwas unternehmen, bietet sich ein entspannter Bummel durch den erstmals 1289 unter dem Namen Nova Villa erwähnten Ortsteil mit den wohl engsten Gässchen von Koblenz an. Zu bestaunen gibt es hinter der Pfarrkirche einen zwei Tonnen schweren Basaltstein, der wahrscheinlich aus dem 15. Jahrhundert stammt und zum Fundament der abgebrochenen Jobskapelle gehört. Im Ort laden verschiedene Gasthäuser, teils mit über 200-jähriger Tradition zum Verweilen ein. Bei einem guten Essen, Wein und Bier genießt man das schöne Ambiente und je nach Lokal wieder den unmittelbaren Blick zum Rhein.

TIPP In das Restaurant Zur alten Brauerei mit 200-jähriger Tradition und Blick auf den Rhein einkehren.

**Rheinufer in Neuendorf, Am Ufer/Jakobstraße, 56070 Koblenz**
**ÖPNV: Bus 2/12, Haltestelle Plankenweg Nord**

MAERSK
SEALAND

# Einsamkeit und Stille

## 43 *Im Garten von St. Florin*

Beim Gang durch den Florinsgarten vergisst man den Alltag, erholt sich vom Lärm der Stadt, findet inneren Frieden. Abgeschlossen von der Außenwelt, umringt von efeubewachsenen Mauern, ist man genau richtig, wenn man Einsamkeit und Stille sucht. Die grüne Oase ist ein Rückzugsort, an dem es sich wunderbar entschleunigen lässt. Ein angenehmer Ort, um Ruhe zu finden. Die im Grünen versteckt liegenden Bänke laden geradezu ein, sich hinzusetzen und zu entspannen. Im kühlen Schatten sitzend genießt man das Gezwitscher der Vögel und bestaunt dabei den imposanten Kirchenbau. Einst befand sich an dieser Stelle der Kreuzgang des 940 gegründeten und 1802 aufgelösten Stift St. Florin. Die romanische, dreischiffige Kirche St. Florin mit ihren zwei Türmen – die Koblenzer sprechen kurz von ihrer Florinskirche – wurde zu Beginn des 12. Jahrhunderts errichtet und gehörte zum Chorherrenstift St. Florin. Heute ist diese Kirche die evangelische Gemeindekirche im Stadtzentrum. Kirche und Garten befinden sich am Florinsmarkt und bilden mit dem alten Kauf- und Danzhaus, dem Schöffenhaus und dem Bürresheimer Hof ein Ensemble aus vier historischen Gebäuden, an denen man nicht achtlos vorbeigehen sollte. Auch, weil sie zu den schönsten Gebäudegruppen von Koblenz gehören. Nachdem man im Garten der Kirche genug Zeit zum Entspannen gefunden hat, lohnt sich ein Blick in das Innere der Florinskirche. In dieser, zwischen 1818 und 1820 restaurierten Kirche kann noch immer der Altarkranz bewundert werden, der von dem Architekten Johann Claudius von Lassaulx entworfen wurde. In den Nischen des Chors sieht man unter anderem die Freskomalerei „Hochzeit zu Kana“ von Januarius Zick, entstanden im Jahr 1790. Neben geistlichen Angeboten, wie Gottesdienst und Kirchenmusik, ist die Florinskirche ein kultureller Ort der Begegnung. Orgelmatineen, Ausstellungen, Vorträge, Konzerte, einige davon im Florinsgarten, sind attraktive Veranstaltungen in besonderer Kulisse.

TIPP Nach der Auszeit kann man unweit des Florinsgartens in der Trattoria da Raffaele gut italienisch speisen.

**Florinskirche, Florinsmarkt 23, 56068 Koblenz, Tel. (02 61) 4 04 03 33**
**ÖPNV: Bus 1, 11, Haltestelle Altstadt/Kornpfortstraße**

# Lustvolle Künste

## 44 *Im Schlaraffenreich hinter Klostermauern*

Auf historischem Grund unterhalb der Festung Ehrenbreitstein befinden sich vier barocke Gebäude, in deren Hof sich eine neugotische Klosterkapelle befindet. Fährt oder spaziert man an diesem Gebäudeensemble des einstigen Pallottinerklosters vorbei, nimmt man den inzwischen sanierten Kapellenkomplex weder sonderlich wahr, geschweige ahnt man, welch Kultur und Frohsinn hinter dicken Mauern gelebt werden. In der Kapelle des ehemaligen Klosters haucht ein wacher Geist dem geschichtsträchtigen Ort Leben ein. Denn jeden Dienstag von Oktober bis Mai sippen dort in ihrem Reich die Schlaraffen. Sie lieben das Spiel mit Worten und mögen Musik, schlüpfen in alltagsferne Rollen, und tragen eine Rüstung, allerdings aus Stoff. Klingt das in der heutigen Zeit nicht verwunderlich? Für den ein oder andern mag es so scheinen. Für die Schlaraffen aber bedeutet es eine erfrischende Auszeit vom Alltag, die den Geist anregt. Ihre ritterlichen Treffen, Sippung genannt, leben von den einzelnen Beiträgen der Anwesenden. Und so rezitieren, musizieren, dichten oder komponieren die Schlaraffen, mal heiter, mal ernst, mal voller Ironie, aber stets wertschätzend füreinander und unter den wachen Augen „Eurer Herrlichkeit". Eine wunderbare bunte Bühne für all jene, die sich der Pflege von Kunst, Freundschaft und Humor verpflichtet sehen. Wer sich dafür interessiert, kann auf Einladung daran teilnehmen. Schlaraffia, eine aus Künstlern bestehende weltweite Gemeinschaft, wurde 1859 in Prag gegründet. Mit schönen Künsten wie mit ironisch-satirischer Lust nahmen sie den Adel, die Ordenssucht wie das Beamtentum aufs Korn. Damals wie heute geht es den Schlaraffen um eine Persiflage der alltäglichen (Un-)Wichtigkeiten, sie in spielerischer Überzeichnung erkennbar zu machen, das Umfeld ein wenig auf den Arm zu nehmen und vor allem über sich selbst zu lachen. Wer das kann, hat das Spiel verstanden, kann es genießen und ist bei den Schlaraffen herzlich willkommen.

TIPP

**Jedes Jahr im Juni finden die Ehrenbreitsteiner Kulturtage mit ortsansässigen Kunstschaffenden statt.**

**Schlaraffia Confluentia e. V., Obertal 34, 56077 Koblenz, Tel. (02 61) 70 10 24**
**www.schlaraffia-confluentia.de**

**ÖPNV: Bus 9/19, 10, Haltestelle Festungsaufzug/DHJ**

IN ARTE
VOLUPTAS
2538
5

# Geschichte mit Ausblick

## 45 *Rittersturz südlich der Karthause*

Auf dem Rittersturz stand einst ein sehr beliebtes Berghotel. In diesem fanden vom 8. bis 10. Juli 1948 die entscheidenden Beratungen statt, deren Ergebnisse über den Parlamentarischen Rat zur Annahme des Grundgesetzes und zur Bildung der Bundesrepublik Deutschland führten. Zur sogenannten Rittersturzkonferenz hatte Ministerpräsident Peter Altmeier die Ministerpräsidenten der westdeutschen Länder sowie Louise Schröder, Oberbürgermeisterin von Berlin, einberufen, um die von den Westalliierten vorgelegten Frankfurter Dokumente miteinander zu beraten. Einen Monat später, am 25. und 26. August 1948, kamen die Ministerpräsidenten noch einmal auf dem Rittersturz zusammen, um die Einberufung des Bundestages, des Bundesrates und der Bundesversammlung zu beschließen. Das alles erfährt man beim Lesen der Informationstafeln an diesem geschichtsträchtigen Ort. Seit 1978 erinnert eine Basaltstele auf der Freifläche des Rittersturzes an die Nachkriegsereignisse. Die dreigliedrige Stele symbolisiert die Säulen unseres demokratischen Staatswesens: Legislative, Exekutive und Judikative. Sechzehn Strahlen aus Natursteinpflaster stehen für die heutigen Bundesländer. Man sollte sich unbedingt auf den Sitzblöcken niederlassen, um das Denkmal in Ruhe zu betrachten. Das Berghotel selbst wurde längst abgerissen. Schade, denn ein guter Kaffee zusammen mit einem Stück Sahnetorte wären bei der herrlichen Aussicht vom Rittersturz gerade richtig. Dieser steil abfallende Felsen des Hunsrücks grenzt direkt an die Stadt. Der Name ist auf eine Sage zurückzuführen, nach der sich ein unglücklich verliebter Ritter in den Tod stürzte. Das Plateau oberhalb der Stadt lässt sich erwandern, mit dem Rad erfahren oder mit dem Auto bequem erreichen. Die Aussicht auf das Mittelrheintal ist wunderschön. Vor allem in den Abendstunden oder nach Einbruch der Dunkelheit ist dieser Ort wenig besucht. Und so glückt es, dass man allein oder zu zweit diesen fantastischen Blick auf die Stadt genießt.

TIPP

Wer sich für die Geschichte dieses Ortes interessiert, kann in historischen Quellen im Landeshauptarchiv lesen.

**Rittersturz, 56075 Koblenz**

**ÖPNV: Bus 670, Haltestelle CGM Arena/B9, etwa 30 Minuten Fußweg**

# Im Kaffeehimmel

## 46 *Neros Kaffeerösterei*

Wie das hier duftet. Kaum hat man das kleine Ladenlokal betreten, beginnt auch schon das Kopfkino. Mit einer Tasse Kaffee, einem großen Stück Sachertorte, leiser Musik und Kuschelsocken genüsslich im Lieblingssessel daheim entspannen, welch wunderbares Glücksgefühl. Diese Vorstellung zusammen mit dem Duft von frisch geröstetem Kaffee ist ein herrlich belebender Kick. Aber wie soll man sich bei der angebotenen Kaffeevielfalt entscheiden? Unglaublich, wie viele Kaffeemischungen und Espressosorten es in Neros Kaffeerösterei gibt, fair gehandelt, mit unterschiedlichem Aroma, mild, kräftig, würzig, nussig, blumig, schokoladig, gar fruchtig. Einige davon haben Namen, die allein schon für ein Schmunzeln sorgen, erst recht neugierig machen. Wer hat schon einmal „Holla die Waldfee" daheim probiert? Aber auch eine kleine Hommage an die Koblenzer gibt es. Die Schängel-Mischung, ein sehr aromatischer Kaffee, der sein Aroma durch ein besonders schonendes Röstverfahren erhält. Das Besondere in dem chic ausgestatteten Geschäft ist nämlich die eigene Rösterei. Hier werden die besten Rohkaffeesorten aus aller Welt in kleinen Mengen mit einem schonenden Trommelröstverfahren geröstet. Diese Kaffeebohnen können ganz oder frisch gemahlen gekauft werden, je nach Wunsch in verschiedenen Mahlgradstufen und sogar wunderhübsch verpackt. In dem Geschäft gibt es außerdem eine kleine Kaffeetheke, an der man verschiedene Sorten direkt probieren kann. Was aber die Entscheidung nicht immer einfacher macht. Da freut man sich über die kompetente Beratung durch den Kaffeespezialisten, der gerne Tipps zu Dosierung, zu Wasserqualität oder -temperatur parat hat, damit die schmackhafte Zubereitung des schwarzen koffeinhaltigen Wachmachers gelingt. Ein gutes Gespräch bei einer guten Tasse Kaffee, das hat Suchtcharakter. Verführerisch ist dazu das Angebot von feinsten Schokoladen- und Nougatspezialitäten, naturbelassenem Rohrzucker oder verschiedenem Kaffeezubehör.

TIPP

Zum Kaffee kauft man beim Bio-Bäcker Barth gegenüber köstliche Kuchenstücke.

**Kaffeerösterei Nero, Kornpfortstraße 8, 56068 Koblenz, Tel. (02 61) 2 00 33 68**
**www.kaffeeroesterei-nero.de**

**ÖPNV: Bus 1, 11, Haltestelle Altstadt/Kornpfortstraße**

# Gut gebunden

## 47 *Die Blömcher aus der Altstadt*

Gleich wird die Braut ihren liebevoll gebundenen Strauß werfen, glücklich lächelnd am Ende eines wunderbaren Tages. Vielleicht wird sie sich dabei sogar kurz an das Gespräch in dem kleinen Blumenladen erinnern. Sie hatte so gar keine rechte Vorstellung von dem Blumenstrauß für ihren romantischsten Tag. Die sympathische Floristin hat sich viel Zeit genommen, um ihre Wünsche zu erfahren.

Sie arbeitet im Blömcher in der Altstadt, in dem Geschäft an der Ecke, in das man über zwei kleine Stufen gelangt. Zwei kleine Stufen nur und schon steht man in einem Meer aus Blumen. Unzählige Farbvariationen und Blütenformen betören förmlich das Auge und der verströmende Duft schmeichelt der Nase. Man möchte einfach nur stehen bleiben und genießen, doch man will ja eigentlich seine Blumen hier kaufen. Dabei helfen dann die Floristinnen. Sie beraten gern und mit ganz viel Herz und Leidenschaft. Für sie ist der Geburtstag ebenso wichtig wie der Trauerfall, die Firmen- oder Familienfeier, das Dankeschön für die Nachbarin oder der bunte Blumenstrauß für den Esstisch daheim. Und so ist es nicht verwunderlich, dass man am Ende mit einem bezaubernden Blumenstrauß das Geschäft verlässt. Beeindruckend, was die Floristinnen mit ihren Blömcher so alles machen. Und wer das Besondere, das Kreative sucht, ist hier genau richtig. Aus saisonal immer passenden Blumen, Blättern, Zweigen und dekorativem Accessoires wird herrlicher Blumenschmuck kreiert – egal, ob peppig, modern, romantisch oder frech.

Viele Kunden, die einst einfach so ins Blömcher gestolpert sind, weil die Deko vor der Tür, ein mit Blumen geschmücktes Fahrrad, sie neugierig gemacht hat, sind längst zu Stammkunden geworden. Denn, wer einmal seine Blumen hier gekauft hat, kommt garantiert und gerne wieder.

TIPP Passend zum Brautstrauß kann man sich individuellen Körper- und Haarschmuck anfertigen lassen.

**Blömcher, Kornpfortstraße 8, 56068 Koblenz, Tel. (02 61) 9 88 62 80**
**www.bloemcher.de**
**ÖPNV: Bus 1, 11, Haltestelle Altstadt/Kornpfortstraße**

MADE WITH
Love

# Sushi, Fisch, Reis & Co.

## 48 *Asiatische Küche im PAPA UMI Koblenz*

Noch nie das PAPA UMI besucht? Dann wird es aber Zeit, besonders wenn man Sushi und asiatische Küche mag! PAPA UMI verwöhnt seine Gäste mit außergewöhnlichen kulinarischen Gaumenfreunden der asiatischen Küche und hausgemachten frischen Getränken. Vor allem gibt es Sushi und vietnamesische Gerichte. Seetangsalat mit Sashimi, weißem Rettich und Tomaten-Avocado-Salsa, pikante Hühnerbrustspieße, mariniert mit Kaffir-Limettenblättern, gegrillte Jakobsmuscheln auf cremigem Kokos-Curry mit Zitronengras, variantenreiche Reisnudelgerichte und Nudelsuppen, ausgefallene Sushi-Varianten. Allein schon beim Lesen der schön gestalteten Speisekarte läuft einem das Wasser im Mund zusammen. Im PAPA UMI werden die Speisen in einer komplett offenen, im Restaurant integrierten Küche mit großem Tresen nach traditionellen Rezepten immer frisch zubereitet, raffiniert gewürzt und verfeinert. Man schaut beim Brutzeln, Braten und Anrichten zu. Das macht gute Laune, erfreut sowohl Nase wie Augen, erfordert aber hin und wieder etwas Geduld. Diese aufzubringen lohnt, denn man wird mit einer einzigartigen Geschmacksvielfalt sowie einem besonderen Augenschmaus belohnt. Die Gerichte sind nämlich alle besonders hübsch und liebevoll angerichtet. Die Portionen sind ausreichend groß und lassen selbst besonders Hungrige satt werden. Das PAPA UMI, frei übersetzt „Vater Meer“, gibt es seit 2016 in Koblenz. Das zentral gelegene Restaurant ist groß, stylisch eingerichtet, klimatisiert und verfügt über eine liebevoll gestaltete Kinderecke. Man sitzt auf langen Holzbänken mit mindestens sechs Personen an langen Holztischen, also genau richtig, wenn man mit der Familie oder Freunden unterwegs ist. An warmen Tagen bietet sich sogar die Möglichkeit, draußen zu sitzen. Die Plätze befinden sich unmittelbar in einer belebten Einkaufsstraße, aber das stört nicht. Im Gegenteil, man erkennt an den staunenden Gesichtern der vorbeieilenden Passanten, dass Essen bei PAPA UMI genau die richtige Wahl ist.

TIPP Nach dem Essen bietet sich ein Kinobesuch im Odeon-Apollo-Kinocenter an. Einfach über die Straße.

**PAPA UMI Koblenz, Löhrstraße 109, 56068 Koblenz, Tel. (02 61) 13 34 27 00**
**www.papa-umi.de**
**ÖPNV: Linie 2/12, 9/19, Haltestelle Brüderkrankenhaus**

# Spaziergang mit Lenné

## 49 *Gartenanlage am Kurfürstlichen Schloss*

Der preußische Gartenbaumeister Peter Joseph Lenné war sich sicher bewusst, welch wunderbare Gartenanlage er seinerzeit in Koblenz erschaffen hat. Gerne würde man ihm das erzählen wollen. Oder noch besser: ihn zu einem Spaziergang durch den Schlossgarten einladen und ihm zeigen, wie farbenprächtig und jahreszeitlich passend die Bepflanzung, wie schön die große Wasserfläche und der Springbrunnen im Park sind, den er einst angelegt hat. Er würde verstehen, dass man mit Freuden durch den Garten wandelt oder einfach nur unter der bepflanzten Pergola sitzt. Allerdings müsste man ihm auch verraten, dass die Gartenanlage erst zur Bundesgartenschau 2011 aus ihrem jahrzehntelangen Dornröschenschlaf geweckt wurde; dafür jetzt mit anmutiger Gestaltung und charmantem Wohlfühlcharakter. Nach Lennés Plänen sind drei terrassierte Gartenräume mit neuen Wegen zum Rhein angelegt worden. So gibt es jetzt eine direkte Verbindung vom Kurfürstlichen Schloss zu den Rheinanlagen, bestehend aus dem Konrad-Adenauer-Ufer und den Kaiserin-Augusta-Anlagen. Letztere entstanden übrigens zwischen 1856 und 1861 im Auftrag von Kaiserin Augusta ebenfalls unter dem genialen Meister Lenné. Der Schlosspark ist für Besucher über zwei Tore von der Rheinseite aus sowie über den Zugang durch das Kurfürstliche Schloss zu erreichen. Der Anlass für einen Besuch kann ziemlich unterschiedlich sein. Brautpaare beim Hochzeitsshooting, verliebte Pärchen im Wandelgang, stille Lesende auf den Bänken oder munter plaudernde Mamas, die ihre Kinderwagen durch den Schlossgarten schieben. Sie alle genießen dieses Kleinod am Schloss inmitten der Stadt. Dass das zwischen 1775 und 1792 errichtete Schloss eine wechselvolle Vergangenheit hat, nach der französischen Revolution als Lazarett, später als Kaserne diente, ab 1846 von Friedrich Wilhelm IV. als Residenz genutzt wurde, dass könnte Lenné den Schlossgartenbesuchern sicher erzählen. Viellicht würde der aber auch schweigen und mit ihnen den Spaziergang genießen.

TIPP Die marmorne Büste des bedeutenden Gartenbaukünstlers Peter Joseph Lenné in den Rheinanlagen suchen.

**Park am Kurfürstlichen Schloss, Neustadt, 56068 Koblenz**
**ÖPNV: Bus 1, 3/13, 6/16, 8, 9/19, 10, Haltestelle Stadttheater/Schloss**

# Milch und Wein

## 50 *Genuss-Spaziergang im Mühlental*

Man muss nicht unbedingt in die Ferne schweifen, wenn man Bewegung mit gutem Essen und erlesenen Weinen verbinden mag. Ein Genuss-Spaziergang mit interessanten Eindrücken beginnt im Stadtteil Arenberg. Dorthin fährt man am besten mit dem Bus, denn am Ende des Weges erwartet einen ein edler Tropfen. Rechts der Ortsstraße Auf dem Forst führt eine kleinere Straße zunächst zum Eselsbacher Hof, einem Landwirtschaftsbetrieb mit einem schmackhaften Angebot. Direkt am Eingangstor befindet sich ein Milchautomat. Hier kann man selbst gekühlte frische Rohmilch in hübsche Glasflaschen abfüllen. Alles hygienisch und blitzsauber. An einem zweiten Automaten erhält man Eier, Nudeln, Honig, Apfelsaft oder Marmelade. Der weitere Weg führt entlang des Eselsbaches vorbei an weiten Wiesen und vereinzelt stehenden Häusern hinab ins Mühlental. Herrlich ist der Fernblick! Spätestens wenn man das dritte Mal stehen bleibt, um diesen zu genießen, fragt man sich verwundert, wieso man diesen Weg noch nie gegangen ist. Im Mühlental angekommen, spaziert man weiter in Richtung Ehrenbreitstein. Die asphaltierte Straße muss man sich hin und wieder mit einem vorbeifahrenden Auto oder einer Gruppe munterer Radler teilen. Doch das stellt nicht wirklich ein Problem dar. Begleitet vom leise plätschernden Mühlenbach spaziert man an grasenden Ziegen, galoppierenden Pferden, an Häusern mit kleinen Gärten, an Weinhängen und an einer, dem Himmel nahen Sonnenuhr vorbei. Mit etwas Glück kann man in dieser idyllischen Umgebung sogar Feuersalamander beobachten. Am Ende des Spaziergangs lockt das Weinhaus Wagner mit seiner gemütlichen Weinstube, an warmen Tagen mit dem romantischen Weingarten zum Einkehren. Zur gutbürgerlichen Küche mundet ein guter Tropfen aus dem Weinkeller. Das Weinhaus Wagner ist das größte zusammenhängende Weingut am Mittelrhein und bietet eine reiche Auswahl an Weinen verschiedener Qualitätsstufen. Na dann, zum Wohle!

TIPP

Im Mühlental das Weingut Göhlen, das ebenfalls ausgezeichnete Weine hat, zur Verkostung besuchen.

**Weinhaus Wagner, Mühlental 23, 56077 Koblenz, Tel. (02 61) 7 36 14**
**www.wein-wagner.de**
**ÖPNV: Bus 9/19, Haltestelle Mühlental**

Weingut
Wagner

# Model mit vier Pfoten

## 51 *Charity-Shooting am Lieblingsplatz*

Wenn Jessica Junker die Kamera zückt, freuen sich Hund und Frauchen um die Wette. Denn die Tierfotografin hat im Nu die Herzen der beiden erobert. Doch bevor die Hundebesitzerin richtig glücklich strahlen kann, muss ihr Vierbeiner konzentriert arbeiten. Immer wieder motiviert die Tierfotografin ihr Model liebevoll und geduldig zu ausdrucksstarken Posen wie bewegungsfreudigen Aktionen. Es gelingt ihr, den ängstlichsten Hund wie den wildesten Feger richtig gut in Szene zu setzen. Das liegt ganz sicher an Jessica Junkers Einfühlungsvermögen, an ihrer vergnügten Art und ihrem professionellen Blick, aber vor allem an ihrer Herzensliebe zu Hunden.

Von den Jahreszeiten unabhängig dauern Shootings je nach Wunsch des Tierbesitzers zwischen 30 und 90 Minuten. Sie können an jedem schönen Ort in Koblenz stattfinden. Davon gibt es viele entlang der beiden Flüsse oder in den Gärten der Stadt. Ein sehr beliebter Shooting-Ort ist die Schmidtenhöhe mit großen weiten Wiesen und vielen Wegen entlang des Waldes. Dort ist ausreichend Platz und Ruhe, um ausdrucksstarke Fotos schießen zu können. Aber auch Indoor-Shootings werden angeboten. Das Studio befindet sich im Tierheim Koblenz. Wer sich für ein Hundeshooting bei Jessica Junker entscheidet, unterstützt den Tierschutz. 30 Euro aus jedem Shooting gehen an das Tierheim Koblenz oder an den Tierschutzhof Gieshübel. Je nachdem, wofür man sich entscheidet. Die Termine für die Shootings werden über die Homepage oder telefonisch vereinbart. Egal wann und an welchem Ort die Fotos entstehen, die gemeinsam verbrachte Zeit bleibt mit großer Sicherheit allen zwei- und vierbeinigen Beteiligten in guter Erinnerung. Spätestens wenn man auf die grandiosen Fotos blickt, die man in bester Druckqualität für die eigene Verwendung erhält. Jetzt gilt es nur noch, einen schönen Platz für die Bilder der Fellnase zu finden.

TIPP Ein prima Geschenk für Tierfreunde ist der Gutschein für ein Hundeshooting bei Jessica Junker.

**Tierfotografie Jessica Junker, Tel. (01 51) 23 06 05 64**
**www.fotografie-jessica.de**
**ÖPNV: je nach Wahl des Shootingortes**

# Tierisch gute Freunde

## 52 *Tierheim Koblenz*

Für die Vierbeiner Merle und Marla beginnt heute zusammen mit ihrem neuen Lieblingsmensch der gemeinsame Weg in ein sicheres Wohlfühl-Zuhause. Mit klopfendem Herzen und ganz viel Glück im Bauch verlassen sie gemeinsam das Tierheim Koblenz. Hier haben sie sich kennenlernen und ihre Freundschaft schließen können – unterstützt vom einem engagierten Tierpflegerteam.
Seit 2015 befindet sich das Tierheim in einem modernen Neubau im Stadtteil Rübenach. Die Katzen, Hunde und Kleintiere leben in artgerecht eingerichteten Zimmern und haben einen liebevoll gestalteten Außenbereich. Jedes Jahr nimmt das Tierheim etwa 1000 Tiere auf und vermittelt sie in ein neues Zuhause. Wer also auf der Suche nach einem tierischen Mitbewohner ist, sollte im Tierheim vorbeischauen und genügend Zeit mitbringen, um das Tier zu finden, das genau zu den eigenen Lebensgewohnheiten passt. Tierfreunde, die aus verschiedenen Gründen kein Tier bei sich aufnehmen können, sind im Tierheim ebenfalls goldrichtig. Sie können ihre freie Zeit mit Katzenkuscheln oder Hundegassigehen verbringen. Denn das schönste Geschenk, das man den Tieren machen kann, ist ihnen ungeteilte Aufmerksamkeit, Zeit und Liebe zu schenken. Und das tut nicht nur den Vierbeinern gut. Während der fellige Freund beim Spazierengehen mal die Welt außerhalb des Tierheims erschnüffeln kann, lässt man sich selbst den Wind um die Nase wehen und dabei die Seele baumeln. Dass vorab eine Gassigeher-Schulung erforderlich ist, ist überhaupt nicht störend. Im Gegenteil: Man trifft Gleichgesinnte! Und so ist es nicht verwunderlich, dass hier nicht nur tierische Freundschaften entstehen. Auch mit handwerklichem Geschick oder Organisationstalent kann man viel Gutes tun und sich als Helfer bei Reparaturen, Außenanlagenpflege oder als Unterstützung bei Veranstaltungen engagieren. Glücklich machen und glücklich sein – es ist so einfach!

TIPP Patenschaft für ein Tierheimtier mit einem selbst bestimmten Geldbetrag übernehmen.

**Tierheim Koblenz, Zaunheimer Straße 26, 56072 Koblenz, Tel. (02 61) 40 63 80**
**tierheim-koblenz.ev-web.de**
**ÖPNV: Bus 4/14, Haltestelle Im Sinderfeld**

# Raus aus den vier Wänden

## 53 *Erholen auf der Rheinwiese Oberwerth*

Die einen spielen Fußball, die anderen meditieren, wieder andere lesen, singen oder zupfen wild auf der Gitarre. Kinder toben begeistert über den kleinen Spielplatz, während ihre Eltern einfach mal nix tuend im Gras sitzen. Großfamilien genießen das gemeinsame Picknick, Jugendliche chillen bei grooviger Musik und eine Gruppe motivierter Frauen übt Yoga. Rheinwiesen-Flair an einem ganz normalen Tag. Niemand fühlt sich gestört, jeder hat sein kleines Fleckchen gefunden. Und wem es doch zu laut oder hektisch wird, der zieht einfach einen Baum weiter, Platz ist ja genug.

Die lang gezogene Wiese unmittelbar am Rhein auf der Halbinsel Oberwerth ist ein beliebter Treffpunkt für Jung und Alt. Besonders in den warmen Monaten kommt man hierher, um aktiv zu sein oder zu entspannen. Raus aus den heimischen vier Wänden und erst wieder zurück, wenn die aufsteigende Dunkelheit zum Heimgehen mahnt. Dabei wird es dann erst so richtig schön. Am gegenüberliegenden Ufer gehen die Lichter in den Wohnungen und Häusern an. Beleuchtete Schiffe ziehen langsam vorüber und die aufsteigende Kühle des Rheins erzeugt das erste leichte Frösteln auf der Haut. Zum Glück hat man an eine wärmende Jacke gedacht. Vielleicht sogar an eine Decke, auf der man sich jetzt ausstreckt und zuschaut, wie der Mond aufgeht und die Sterne am Himmel zu leuchten beginnen. Ja, das ist schon fast ein bisschen kitschig, aber unglaublich schön. Das denkt wohl auch das junge Pärchen, das nicht weit entfernt unter einem Baum sitzend beim Küssen alles um sich herum vergisst. Man weiß, es wird langsam Zeit zu gehen und lächelnd trollt man sich, zu Fuß, mit dem Rad oder dem Auto, denn diese grüne Oase am Wasser ist auf vielfältige Weise gut erreichbar. Zum Abschied, aber nur für diesen Abend, genießt man noch einen letzten kurzen Blick auf die stillen Rheinwiesen. Schon in wenigen Stunden werden diese wieder voller Leben sein.

TIPP Zum Feuerwerksspektakel Rhein in Flammen von hier die illuminierten Schiffe beobachten. Wunderbar!

**Rheinwiesen Oberwerth, Rheinau, 56075 Koblenz**
**ÖPNV: Bus 7, Haltestellen Mozartplatz und Händelplatz**

# Freitreppe mit Aussicht

## 54 *Schlossstufen am Rhein*

Der heiße Kaffee aus dem Thermobecher duftet. Ein vom Lieblingsbäcker frisch belegtes Brötchen weckt das kleine Hungergefühl, während gegenüber gerade die Sonne ihre ersten Strahlen in den noch frühen Sonntagmorgen schickt. Während man sein Frühstück an diesem eher ungewöhnlichen Ort genießt, ziehen beladene Frachtschiffe gemütlich flussaufwärts. Ganz allein ist man zu dieser Zeit auf den Schlossstufen am Rhein, die von der Rheinpromenade hinter dem Kurfürstlichen Schloss direkt hinunter an einen der schönsten Flüsse Deutschlands führen.

Aber nicht nur für den morgendlichen Blick auf den Rhein lohnt das frühe Aufstehen, sondern auch für den Blick auf die noch schlummernden Stadtteile auf der gegenüberliegenden Flussseite, auf das barocke Dikasterialgebäude, das Mitte des 18. Jahrhunderts erbaut wurde, und auf die hoch oben thronende Festung Ehrenbreitstein. Sich den Wunsch zu erfüllen, einmal alles in Stille zu genießen, kann man tatsächlich am ehesten in den frühen Morgenstunden eines Sonntags. Wochentags bummeln Touristen vorbei, am Abend tummelt sich die Jugend meist in kleinen Gruppen, mit Musik, Bier und Chips. Dazwischen turteln Verliebte, prosten mit Piccolos auf ihr Glück. Die etwa 100 Meter lange Freitreppe am Rhein ist ein Magnet, auch weil man im Sommer die Füße ins kühle Nass halten kann. Hier sitzt man, entspannt und genießt. Erbaut wurden die Stufen mit Aussicht für die Bundesgartenschau im Zuge der vollständigen Sanierung der Uferanlagen von Rhein und Mosel hinter dem deutschen Eck. Durch die so entstandene herrliche Allee kann man wunderbar spazieren gehen, flanieren zwischen Deutschem Eck und Kaiserin-Augusta-Anlage. Nach dem Spaziergang setzt man sich zum Erholen auf die hellen Steinstufen, beobachtet die vorbeiziehenden Schiffe, blickt den Gondeln der Seilbahn gen Festung nach. Falls man tatsächlich einen Platz auf den Treppenstufen ergattern konnte.

TIPP Unweit der Schlossstufen startet die „La Paloma" zu zweistündigen Flussfahrten auf dem Rhein.

**Schlossstufen am Rhein, Kaiserin-Augusta-Anlagen, 56068 Koblenz**
**ÖPNV: Bus 3/13, 5/15, 6/16, 8, 9/19, 10, Haltestelle Rhein-Mosel-Halle**

# Perfetto, sagt der Italiener

## 55 *Kaffeejunge, das besondere Café*

Wenige Meter entfernt vom Trubel der Innenstadt – sogar ein wenig versteckt – befindet sich eine kleine Kaffeebar, in der man nicht guten, sondern den besten Kaffee der Stadt bekommt. So jedenfalls antworten Gäste auf die Frage, warum man ausgerechnet hier seinen Kaffee trinken solle. Die Auswahl an hochwertigen Kaffeesorten ist groß: etwa 25, von mild bis kräftig und aus aller Welt, verrät Axel Junge, Chef des Hauses oder besser Kaffeesommelier. Allerdings werden nicht alle Sorten gleichzeitig ausgeschenkt. Es wird gewechselt, und so kommt man selbst als Stammkunde immer wieder in den Genuss, Neues zu probieren, wie Café Kogi, den vielleicht nachhaltigsten Kaffee, den es in Europa gibt. Neben hervorragenden Kaffeespezialitäten schmecken Trinkschokolade, Tee oder Chai Latte. Alles appetitlich und heiß zubereitet, selbstverständlich mit frischer Milch, wenn gewünscht laktosefrei oder aus Soja. Zum belebenden Heißgetränk kann man direkt einen kulinarischen Begleiter wählen. Köstliche Pralinen verführen zum Naschen. Ganz sicher, es bleibt nicht bei einer. Doch nicht nur der Wunsch nach einer Pause mit Genuss lockt die Kaffeeliebhaber immer wieder hierher. Der überaus wertschätzende und freundliche Umgang miteinander schafft im Nu eine Wohlfühlatmosphäre, verstärkt durch die stilvolle Einrichtung, inszeniert mit Licht und Farbe. Wer das Kaffee- und Schokoladengeschäft betritt wird zunächst mit einem angenehmen Duft frisch gebrühten Kaffees, dann vom Personal hinter der Theke, meist sogar vom Chef persönlich begrüßt. Noch bevor der erste labende Schluck an einem der wenigen Theken- oder Fenstersitzplätzen mundet, ist man im Gespräch. Reden kann man hier mit Axel Junge über alles, über Freuden wie Sorgen. Das tut gut. Auch schnell nur mal einen Kaffee trinken oder ausgiebig mit viel Ruhe die Zeitung lesen, alles ist möglich. Kann man sich nicht für ein Getränk entscheiden, folgt man am besten der Empfehlung des Chefs oder genießt ein zweites. Spätestens dann denkt man: Perfetto!

TIPP

Vor- oder nachher einem ausgedehnten Shoppingbummel im Forum Mittelrhein machen.

**Kaffeejunge, Casinostraße 46, 56068 Koblenz, Tel. (02 61) 91 48 90 30**
**www.kaffeejunge.com**

**ÖPNV: Bus 1, 6/16, 8, 9/19, 10, Haltestelle Stadttheater/Schloss**

# Zeitreise am Mittelrhein

## 56 *Interaktiv im Romanticum Koblenz*

Am Rhein, am Rhein, da wachsen unsre Reben …, so beginnt ein Gedicht des 1870 in Koblenz geborenen Publizisten und Schriftstellers Hermann Stegemann. Er beschreibt darin seine Begeisterung für einen der schönsten Flüsse Deutschlands sowie seine Heimatverbundenheit zu dem Ort, an dem seines Vaters Haus stand. Und wahrlich, wer schon einmal zu Gast im Mittelrheintal war, ist von der Rheinromantik in den vielen schönen kleinen Städten und Gemeinden entlang des Flusses fasziniert. Vielleicht sogar so fasziniert, dass man sich sofort aufmachen möchte, um alles auf einmal zu entdecken und zu erleben. Und das geht! Als Passagier eines imaginären Schiffes kann man sich auf eine Zeitreise in das UNESCO Weltkulturerbe Oberes Mittelrheintal begeben, sogar selbst von der Brücke aus sein Rheinschiff steuern. Eine Reise, die so gar nicht alltäglich ist. Denn unterwegs sprechen Sofas oder Sessel mit den Passagieren, lesen ihnen Gedichte vor. Scheinwerfer erzählen Sagen und Kameras verraten interessante und unterhaltsame Geschichten von Burgen und Schlössern, an denen man vorbeischippert. Der Besuch der interaktiven Ausstellung Romanticum Koblenz im Forum Confluentes ist ein herrliches Vergnügen mit spielerischem Lernen. Zehn eigenständige und unterschiedlich gestaltete Ausstellungsbereiche bieten den Besuchern mehr als 70 Mitmach-Stationen zu historischen, kulturellen oder regionalen Themen rund um das Mittelrheintal. Jedes Exponat wurde eigens für diese Ausstellung angefertigt. Das ist schon etwas Besonderes! So wie die Eintrittskarte, auf der man Inhalte von 30 Stationen speichern und später zu Hause per Smartphone oder am PC wieder abrufen kann. Da bleiben das erstellte Scherenschnitt-Porträt, die Karaoke-Version vom Loreley-Lied, die interaktive Fahrt auf dem Rhein, kurze wie lange Texte über die Burgen am Mittelrhein oder das Kochrezept einer rheinischen Spezialität eine wunderbare Erinnerung an einen kurzweiligen wie originellen Museumsbesuch, und das für Jung und Alt.

TIPP Im selben Gebäude das Kunstmuseum Mittelrhein-Museum besuchen.

**Romanticum Koblenz, Forum Confluentes, Zentralplatz 1, 56068 Koblenz, Tel. (02 61) 1 29 16 10**
**www.romanticum.de**
**ÖPNV: Bus 1, 2/12, 3/13, 5/15, 6/16, 7, 8, 9/19, 10, Haltestelle Zentralplatz/Forum**

# Fährmann, hol über

## 57 *Moselfähre Liesel*

Wie aus vergangenen Zeiten schippert die Liesel über die gemächlich dahinfließende Mosel. An Bord meist Fahr- oder besser Fährgäste, die die Fahrt über den Fluss dem längeren Fußweg über die Balduinbrücke auf dem Weg in die Stadt vorziehen. Und das nicht ohne guten Grund. Von der Personenfähre hat man einen fantastischen Blick vom Fluss auf das Gesamtpanorama der Altstadt und die davor majestätisch ankernden weißen Flusskreuzfahrtschiffe. Die kleine grün-weiße Personenfähre ist 9,20 Meter lang und 2,60 Meter breit. Sie verbindet seit 1949 das Neuendorfer Eck im Stadtteil Lützel mit dem Anleger am Peter-Altmeier-Ufer unmittelbar am Deutschen Eck. Eine Überfahrt dauert nur wenige Minuten. Auf dem 1948 bei Schottel in Spay gebauten Schiff finden bis zu 25 Passagiere Platz. Auf braunen Holzbänken sitzend, schaukelt man gemütlich hinüber zum anderen Ufer. Der Willkommensgruß des Fährmanns ist seemännisch rau, aber nicht unfreundlich. Auf der Überfahrt erzählt er sogar manchmal die ein oder andere Geschichte zu den Sehenswürdigkeiten der Stadt inklusive einem coolen Spruch. Seemannsgarn – und wenn schon! Es ist unterhaltsam. Der geringe Fahrpreis wird in bar gezahlt. Da die Personenfähre nicht überdacht ist, sollte man bei regnerischem Wetter einen Schirm und eine doch winddichte Jacke dabeihaben.

Feste Fahrzeiten der Liesel gibt es nicht. Von April bis Oktober verkehrt die 34 PS starke Personenfähre zwischen 9 und 20 Uhr nach Bedarf oder auf Zuruf. Eine etwas längere Wartezeit lässt sich an beiden Anlegestellen gut aushalten. Am Deutschen Eck schleckt man ein leckeres italienisches Eis. Am Neuendorfer Eck setzt man sich einfach auf eine der umliegenden Bänke und genießt den etwas anderen Blick auf die Festung Ehrenbreitstein und das Deutsche Eck. Dabei kommt man oft mit den Menschen aus Lützel ins Gespräch, die sich dort gerne auf einen Plausch treffen.

**TIPP** Vor dem Altstadtbummel im Königsbacher Biergarten am Deutschen Eck einkehren und ein heimisches Bier genießen.

**Personenfähre Liesel, Neuendorfer Eck/Peter-Altmeier-Ufer, 56070 Koblenz**
**ÖPNV: Bus 2/12, Haltestelle Otto-Falckenberg-Straße**

## 58 *Circus Maximus in der Innenstadt*

Ein Restaurant mit saftigen Burgern, ein Keller zum wilden Abrocken, eine Bar mit chilligen Drinks und Katakomben mit rätselhaftem Flair – Circus Maximus. Und damit wäre schon alles gesagt, eigentlich. Die angesagte Location bietet so viel Unterhaltung, dass man sich am liebsten dort als Dauergast einnisten möchte. Es gibt Livekonzerte, Shows, Lesungen, Poetry-Slam, Tanzpartys, Cocktailkurse, Schnäpschenjagd oder Biertouren. Vor und nach den Veranstaltungen kann man auch noch lecker essen, zum Beispiel Burgerpattys mit Rind- oder Putenfleisch aus der Region, Veggiepattys oder die hauseigene Burger-Kreation mit Döppekoche und Apfelmus. Kreativ ist man im Circus aber nicht nur in der Küche. Auch an der Bar wird neben den bekannten Cocktail-Klassikern je nach Gästewunsch einfallsreich gemixt. Und das gekonnt und charmant! Die Zubereitung verschiedener Mixgetränke verraten die Barkeeper während der angebotenen Cocktail-Kurse. Dazu gibt es gratis den einen oder anderen Geheimtipp wie flambierte Rosmarinzweige für das besondere Aroma des Rossa Fizz Cocktails. Wer sich nach dem genussvollen Essen und Trinken richtig gut bewegen will, steigt hinab in den Keller. Party ist angesagt. Tanzen im Glitzerlicht der Discokugel zu Rock, Pop, Soul oder zu Musik aus den 80er- und 90er-Jahren. Großartig sind die Mottopartys. Beim Elternabend rocken die Junggebliebenen zur Musik von Depeche Mode, Michael Jackson, Prince, Stevie Wonder oder Kool & the Gang. Seit einiger Zeit kann man sich in den weitläufigen Katakomben des Circus Maximus in geheimnisvolle Abenteuer stürzen. Man trifft auf entführte Gäste und Mitarbeiter, begegnet dem verrückten König von Absurdistan oder muss das böse Spiel von Koch Igor durchschauen – die Rätsel um all diese Merkwürdigkeiten wollen gelöst werden, zu zweit oder im Team bis zu sechs Personen. Gruselig und lustig zugleich sind die neuen Escape-Games, und unterhaltsam, wie der Circus Maximus selbst.

TIPP Perfekt nach der langen Partynacht ist ein Katerfrühstück im Cafè & Bistro Pfefferminzje.

**Circus Maximus, Stegemannstraße 30, 56068 Koblenz, Tel. (02 61) 3 00 23 57**
**www.circus-maximus.org**
**ÖPNV: Bus 1, 2/12, 3/13, 5/15, 7, 8, 9/19, 10, Haltestelle Zentralplatz/Forum**

# Suchtgefahr!

## 59 *Frl. Diehl Karamell in der Altstadt*

Großmutters Karamellbonbons. Goldfarbene, wunderbar weiche Kostbarkeiten, die genüsslich auf der Zunge zergingen. Mit dunkelkarierter Schürze verrührte sie geduldig Zucker und Butter in der schweren heißen Pfanne. Der süßliche Duft verbreitete sich langsam im ganzen Haus. Kindheitserinnerungen, die man sofort wieder riecht und schmeckt, wenn man Frl. Diehl in der Altstadt besucht. In ihrer kleinen feinen Manufaktur fertigt sie wohlschmeckende Karamellbonbons, himmlische Karamellcremes und knusprige Karamellmüslis und verkauft diese spürbar mit Freude. Und so kommt es, dass man bereits beim Betreten ihres sehr schick eingerichteten Geschäfts alle eben noch in Gedanken formulierten Vorsätze über Bord wirft: Nein, man will sich nicht auf eine kleine Auswahl beschränken! Und nein, man will auch nicht nur Freunde beschenken! Man will sofort selbst naschen, sich etwas gönnen, sich dem Genuss hingeben! Orange-Meersalz, Kaffee-Kardamom, Schokolade-Muskat, Zitrone-Blaumohn, Tonkabohne oder Ingwer und sogar nach Jahreszeiten kreierte Geschmacksrichtungen, so unterschiedlich wie außergewöhnlich, die Karamellbonbons wecken Begierde. Die süßen Schätze sind aus erstklassigen Zutaten, aus Biobutter und Biolandsahne, hochwertigem Zucker, erlesenen Gewürzen und handgeschöpftem Flor de Sal. Und sie sind hübsch verpackt, einzeln, aber auch in Sechser-, Zehner- oder Zwölfer-Schächtelchen erhältlich. Frl. Diehl versteht eben ihr Handwerk, sowohl die Kunst des Karamellherstellens wie den Verkauf. Wie viel Arbeit und Mühe in jedem einzelnen Bonbon steckt, kann man nur ahnen – oder erfragen. Alle mit dem Verkauf von Karamell Beschäftigten sind nicht nur kompetent, sondern auch sehr freundlich. Manchmal trifft man sogar Jenny Krause alias Frl. Diehl im Verkaufsraum. Sie erzählt auf angenehme Weise über den Seelenschmeichler Karamell. Man hört ihr gerne zu. Irgendwann kehrt sie leise zurück in ihr Reich und man selbst verlässt mit strahlenden Augen die kleine Manufaktur, einen kleinen Schatz an Karamellbonbons in der Tasche.

TIPP **Neben Karamell gibt es wunderschön Handgearbeitetes und sehr außergewöhnliche Postkarten.**

**Frl. Diehl Karamell, Firmungstraße 19, 56068 Koblenz, Tel. (01 60) 93 29 07 88**
**www.frldiehl.de**

**ÖPNV: Bus 1, 11, Haltestelle Görresplatz**

Fr. Diehl
KARAMELL

# Kunst für Groß und Klein

## 60 *Kulturfabrik in Lützel*

Ein Kleinkunsttheater mit urbanem Flair weit über die Grenzen der Stadt hinaus bekannt, das ist die Kulturfabrik in Lützel, kurz: KUFA. Mit ihrem bunt gemixten Programm aus Theater, Tanz, Kabarett, Kleinkunst, Musical und Chanson sowie einem vielseitigen Workshopangebot erfreut sie seit mehr als 30 Jahren Groß und Klein.

Die KUFA hat ihre Heimat in einem historischen Fabrikgebäude der 1862 gegründeten Firma Mayer, die sich ab 1888 zur größten Briefumschlagfabrik Europas entwickelte. Während der Naziherrschaft musste die jüdische Unternehmerfamilie das Land verlassen, um der Deportation zu entgehen. Das Gebäude stand bis auf einen Lagerraum im Erdgeschoss lange Zeit leer. Erst 1980 entdeckt das TanzTheater Regenbogen das architektonisch interessante Gebäude. Aus der Nutzung entwickelte sich die Idee, ein Kulturzentrum zu schaffen. Die Umsetzung gelang. Das erste freie Theater in der Region Mittelrhein sowie eines der ersten soziokulturellen Zentren in Deutschland entstanden in Koblenz. 1996 beendeten die Betreiber aus verschiedenen Gründen ihr Engagement. Um die Bühne zu erhalten, übernahm ein Kreis von 19 Gesellschaftern die KUFA. Welch ein Glück, denn dieses besondere Kulturzentrum bietet für unterschiedliche freie Theatergruppen mehrere Proberäume, ein Bistrotheater sowie einen großen Theatersaal, wo vor begeistertem Publikum gespielt wird. Außerdem gibt es eine gemütliche KUFA-Theke, an der ab einer Stunde vor Veranstaltungsbeginn Getränke und Snacks angeboten werden. Ein besonderes Juwel in der KUFA ist das 1991 gegründete Koblenzer Jugendtheater mit einem breiten Spektrum von Oper, Revue bis hin zu modernem experimentellem Schauspiel. Inzwischen gibt es mehr als 60 Produktionen mit über 700 jungen Menschen ab sechs Jahren. In allen Aufführungen arbeiteten professionelle Theatermacher mit jungen Laiendarstellern zusammen – das allein ist einen Besuch wert!

TIPP Sonntags zum Familienfrühstück mit Buffet in die KUFA gehen. Ein tolles Kinderprogramm inklusive!

**Kulturfabrik GmbH, Mayer-Alberti-Straße 11, 56070 Koblenz, Tel. (02 61) 8 52 80**
**www.kufa-koblenz.de**
**ÖPNV: Bus 354, 370 Haltestelle Rhein-Kaserne**

# Gut ausgerüstet

## 61 *Biwakschachtel Koblenz*

Wandern, Campen, Klettern, Trekking – Aktivitäten im Freien machen Freude und bringen Erholung, besonders wenn man dafür die richtige Ausrüstung sowie Kleidung hat. Um diese zu finden, geht man in Koblenz am besten in die Biwakschachtel.

Das Outdoor-Fachgeschäft wirkt von außen eher klein, doch der Eindruck täuscht. In dem lang nach hinten gezogenen Raum eröffnet sich eine große Vielfalt qualitativ hochwertiger Produkte, alle wohlsortiert, wie in einem gut gepackten Rucksack. Wander- und Bergschuhe, Rucksäcke, Zelte, Isomatten und Schlafsäcke, auch Kletterzubehör, Funktionskleidung, selbst Campinggeschirr, Trink- und Isolierflaschen, alles was das Herz des Naturfreundes erwärmt, ist hier zu finden. Vieles davon kann man direkt im Geschäft ausprobieren. Denn es gibt einen kleinen Klettersteig mit Kletterwand, wo man Wanderschuhe oder Gurte, Seile und Karabiner testen kann. Hinzu kommt der erstklassige Service der Outdoor-Experten. Sekundenschnell erfassen sie die Wünsche ihrer Kunden, ganz egal, ob diese nun Anfänger, Fortgeschrittene oder Profis sind. Während ihrer kompetenten Beratung gibt es statt Zeitdruck einen lebhaften intensiven Austausch, sogar wertvolle Tourentipps. Man genießt es, als Kunde König zu sein. Doch der hervorragende Outdoor- und Ausrüstungsservice endet nicht mit dem Kauf. Viele Produkte des Sortiments können unverbindlich zum Probieren mit nach Hause genommen werden. Zudem werden Neubesohlungen von Wander- und Bergschuhen, Leihausrüstungen fürs Klettern, auch Reparaturen, zum Beispiel undicht gewordener Therm-A-Rest-Isomatten, angeboten. Etwas ganz Besonderes sind die Schulungen, in denen man mit anderen Teilnehmenden gemeinsam lernt, GPS-Geräte zu bedienen, Touren zu planen und mit GPS durch die heimischen Wälder zu wandern, selbstverständlich mit einer guten Ausrüstung aus der Biwakschachtel.

TIPP

Mit der neuen Ausrüstung die Traumschleifen an Rhein und Mosel erwandern. Herrliche Fernblicke!

**Biwakschachtel, Löhrstraße 82, 56068 Koblenz, Tel. (02 61) 40 31 01**
**www.biwakschachtel.de**

**ÖPNV: Bus 2/12, 4/14, 5/15, 6/16, 7, 9, 10, Haltestelle Bahnhof Stadtmitte/Löhr-Center**

KEEN

# Zug um Zug

## 62 *DB Museum in Lützel*

Im ehemaligen Güterwagenausbesserungswerk im Stadtteil Lützel befindet sich das DB Museum Koblenz. Es wurde im April 2001 als erster Außenstandort des DB Museums Nürnberg eröffnet. Seitdem wird es von sehr engagierten ehrenamtlichen Mitarbeitern der Stiftung Bahn-Sozialwerk betreut. Ein Besuch dort ist ein absolutes Muss, auch für jene, die sich bisher nicht zu den Eisenbahnfreaks zählen. Während man das Museum Zug um Zug entdeckt, fühlt man sich in die Zeit der Kindheit mit der eigenen Modelleisenbahn zurückversetzt. Im Museum sind viele historische Schienenfahrzeuge zu sehen, darunter Dampf- und diverse Diesellokomotiven sowie Salonwagen. In einigen der liebevoll restaurierten Eisenbahnwagen sind berühmte Personen der Zeitgeschichte gereist. Das ist schon beeindruckend, wenn man vor dem Platz steht, an dem Queen Elizabeth oder Charles de Gaulle seinerzeit gesessen, gespeist oder Tee getrunken haben. Die Fahrzeugsammlung umfasst etwa 50 historische Lokomotiven und 70 Reise- und Güterwagen. Dabei sind die gezeigten Lokomotiven der Baureihen 103, 110, E 50, E 18 und E 16 gerade für Eisenbahnfreunde eine absolute Augenweide. Viel erfährt man auch über die elektrische Zugförderung, die Entwicklung der Zugsicherung und das Reisen mit der Bahn. Auf dem großen Außengelände befinden sich unter anderem eine 5-Zoll-Eisenbahn mit Personenbeförderung und eine 110 Quadratmeter große LGB-Gartenbahnanlage mit Spurweiten von 127 und 184 Millimeter. Einsteigen, das Signal abwarten und schon geht die Fahrt los. 300 Meter Strecke, Wendeschleifen, ein viergleisiger Bahnhof und drei weitere Abstellgleise garantieren Eisenbahnfeeling und Fahrspaß für Groß und Klein. Der Modellbahnbereich wird mit einer großen Trix-Express-Anlage abgerundet. Zusätzlich zur Ausstellung gibt es einen Museumsshop mit Literatur, Modellbahnartikeln und Souvenirs. Beim Besuch des DB Museums sollte man also ganz viel Zeit mitbringen.

TIPP Kindergeburtstag mit Rundumprogramm im Eisenbahnmuseum feiern.

**DB Museum Koblenz, Schönbornsluster Straße 14, 56070 Koblenz, Tel. (02 61) 3 96-13 38**
**www.dbmuseum.de/koblenz**
**ÖPNV: Bus 354, Haltestelle DB-Museum**

E 40 128

# Historisches Fotoalbum

## 63 *Im Heimatmuseum in Güls*

Ein Heimatmuseum ohne Spinnrad, bemalte Bauernschränke, historisches Klassenzimmer, ohne altes Porzellan und handgemachte Puppen? Und dennoch ein Ort, der sich mit den Facetten von Heimat und Zuhause-Sein beschäftigt – geht das? Die Antwort auf diese Fragen findet man im Heimatmuseum Güls. Es befindet sich in der Alten Schule, direkt gegenüber der romanischen Dorfkirche und ist an jedem Sonntagnachmittag geöffnet. Auf 160 Quadratmetern erfährt man viel Wissenswertes über den Moselort Güls, der erstmals 775 erwähnt wurde. Lange Zeit ein eigenständiger Ort, wurde Güls 1970 eingemeindet. Die in den Vitrinen und auf Tafeln liebevoll aufbereiteten Exponate wie Fotos, Briefe, Tagebücher oder Zeichnungen erzählen Geschichten über das Leben und die Arbeit der Menschen in diesem Stadtteil. Das Besondere an diesem Museum ist, dass es zur Geschichte des Ortes und der Mosel keine Dauerausstellung gibt, sondern jährlich wechselnde Ausstellungen die unterschiedlichste Facetten dieser Region präsentieren. Das managen die Mitglieder des Museumsvereins ehrenamtlich. Ihr Museum erhalten und gestalten sie mit viel Engagement und Herzblut. Die Gülser lieben ihr aktives und familienfreundliches Museum und unterstützen es tatkräftig. Da wird für eine geplante Ausstellung auch mal auf dem Speicher oder in den Kellern intensiver gekramt, um doch noch das Tagebuch von Oma zu finden, in dem sie ihre Kindheitserlebnisse in Güls festgehalten hat. Oft werden die Originale nach der Ausstellung dem Verein überlassen, der die bestehende Sammlung nach und nach erweitert und irgendwann vielleicht doch in einer Dauerausstellung präsentieren kann – allerdings ohne Bauernschrank. Doch nicht nur für die Menschen im Stadtteil ist das Museum inzwischen ein Ort der kulturellen Begegnung und des Austausches geworden. Das bunte Veranstaltungsprogramm mit Führungen, Lesungen, Filmen, Gesprächsabenden oder Vorträgen begeistert all jene, die sich für das Leben an der Mosel interessieren.

TIPP Auf der Museums-Route Moseltal erfährt man in vier Museen mehr über Leben und Arbeiten an der Mosel.

**Heimatmuseum Güls, Gulisastraße 4, 56072 Koblenz, Tel. (02 61) 9 42 54 92**
**www.heimatmuseum-guels.de**

**ÖPNV: Bus 3/13, Haltestelle Güls Alte Schule/Bahnhof**

# Ein Platz im Speisezimmer

## 64 *Das Essgeschäft in der Innenstadt*

Der ausgiebige Bummel durch die belebte Innenstadt hat hungrig und durstig gemacht. Suchend wandert der Blick die Einkaufsstraße entlang, lechzend nach einem schönen Café, wo man sich stärken, ausruhen und seine erworbenen Schätze begutachten kann. Ein Geheimtipp dafür ist das Essgeschäft, jenes kleine Café auf zwei Etagen, das an ein stilvoll eingerichtetes Speisezimmer mit Wohlfühlcharakter erinnert.

Marmorküchlein, Mandelhörnchen, Schoko-Cookie, Käsekuchen, Zitronentarte, Beerenschmandkuchen, jedes für sich eine köstliche Leckerei; man kann und will sich nicht entscheiden. Dieses Problem, oder wie sagt man so schön, die Qual der Wahl hat man bei den frisch zubereiteten Kaffeespezialitäten ebenso. Lieber einen Espresso oder einen Espresso-Macchiato, vielleicht doch einen Cappuccino oder einfach nur einen ganz normalen Kaffee? Auf jeden Fall sollte man das Essgeschäft nicht verlassen, ohne einen Flavour probiert zu haben, je nach persönlicher Vorliebe mit Vanille-, Haselnuss- oder Karamellgeschmack. Der Genuss des mit Sirup verfeinerten Kaffees ist reines Vergnügen. Für herzhafte Genießer gibt es ebenfalls ein kleines, feines Speisenangebot. Zu den Favoriten zählen Gerichte mit Pellkartoffeln. Dazu ein cremiger Schnittlauchquark, und schon denkt man an Mutters Küche der Kindertage zurück. Appetitlich belegte Paninis und Salatkreationen sind ebenfalls erhältlich. Die in der hauseigenen Küche tagesfrisch zubereiteten Mittagsgerichte, Kuchen und Torten orientieren sich an den Jahreszeiten, sind ohne Aromen und Geschmacksverstärker. Doch das sind nicht die einzigen Besonderheiten. Im Essgeschäft gilt Selbstbedienung. Die Speisen und Getränke werden an der schmuck aussehenden Theke bestellt und direkt zubereitet, von jungen Menschen, die flink, froh gelaunt und kommunikativ die Wünsche ihrer Gäste erfüllen. Anschließend muss man nur noch Platz nehmen und genießen.

TIPP

In der kalten Jahreszeit gibt es hausgemachten Döppekooche mit Apfelkompott, eine regionale Spezialität.

**Essgeschäft, Altlöhrtor 30, 56068 Koblenz, Tel. (02 61) 91 49 93-70**
**www.essgeschaeft.de**

**ÖPNV: Bus 1, 2/12, 3/13, 5/15, 6/16, 7, 8, 9/19, 10, Haltestelle Zentralplatz/Forum**

# Schlag auf Schlag

## 65 *Freizeitspaß beim AdventureGolf*

AdventureGolf – noch nie gehört, geschweige denn schon einmal gespielt? Dann nix wie hinauf zum Gelände an der Festung Ehrenbreitstein. Dort befindet sich eine inzwischen beliebte Freizeitbeschäftigung für Jung und Alt, bei der man seine Geschicklichkeit unter Beweis stellen und sich mit der Familie, mit Freunden, Bekannten oder Kollegen messen kann. Die 3000 Quadratmeter große AdventureGolf-Anlage ist schon etwas ganz Bemerkenswertes. 18 ungewöhnlich modellierte und in die Natur eingebettete Bahnen mit spannenden Hindernissen, aber auch die ganz eigenen Regeln garantieren einen kurzweiligen Aufenthalt im Grünen. Hin und wieder gerät man sogar ins Grübeln: Spielt man nun Golf oder eher Minigolf? Die Verbindung aus natürlichem Gelände und den Greens aus speziellem Kunstrasen geben jedenfalls das Gefühl, auf einem echten Golfplatz zu sein. Da schlägt es sich gleich dreimal so gut und man läuft schnell zur Bestform auf. Im gut durchdachten Golfparcours über die sehr gepflegte Anlage gilt es einen Bachlauf, verschiedene Hügel, aber auch Brücken und Höhlen zu umspielen, um den Golfball mit möglichst wenigen Schlägen im Loch zu versenken. Hat man das geschafft, ist man nicht mehr weit entfernt vom echten Adventure-Golfer. Vorkenntnisse sind bei diesem Spiel nicht notwendig. Das Personal in der Adventure-Golf-Anlage ist sehr freundlich und sehr geduldig im Erklären der Abläufe für Golf-Greenhorns. Nur jede Menge Spielfreude sollte man mitbringen und nicht verzagen, wenn der Schlag den Ball mal wieder nicht zum Ziel bringt. Am Ende der Abenteuer-Golf-Runde kann man sich auf leckere Speisen, Kuchen, Snacks, Kaffee oder gekühlte Getränke freuen. In den gemütlichen Loungemöbeln auf der hübsch angelegten Sonnenterrasse mundet es hervorragend, egal ob man nun gewonnen oder verloren hat. Ein herrlicher Zeitvertreib ist es allemal. Und dass man sein Golf-Glück erneut versuchen wird, steht schon mit dem letzten Schlag fest.

TIPP **Für junge Nichtgolfer liegt direkt neben der AdventureGolf-Anlage ein Abenteuerspielplatz.**

**AdventureGolf, Greiffenklaustraße 3, 56077 Koblenz**
**www.adventuregolf-koblenz.com**
**ÖPNV: Bus 9/19, Haltestelle Niederberg, Kaserne, wenige Minuten Fußweg**

# Langeweile ade!

## 66 *StadtBibliothek für alle*

Ein Paradies für Leseratten und Bücherwürmer, eine Oase für Musik- und Filmliebhaber, eine Schatzkammer für Wissensdurstige – das ist die StadtBibliothek mitten in der Innenstadt. Untergebracht in einem architektonisch ausgefallenen Neubau, findet man auf vier Etagen eine große Auswahl an Sachbüchern, Belletristik, Kinder- und Jugendbüchern. Aber auch Musik und Hörbücher, Filme sowie Lernprogramme oder PC- und Konsolenspiele kann man hier entdecken. Verführerisch ist, dass man vieles davon sofort genießen kann. In den schön eingerichteten Leseecken und Hörstationen verweilt man nur allzu gern. Und dann wird aus einem Kurzbesuch schon mal ein mehrstündiger Aufenthalt. Selbst graue regnerische Tage lassen sich hier hervorragend mit der ganzen Familie aushalten. In der zweiten Etage gibt es eine Kinderecke mit einem Vorlesesofa und einem raupenartigem Gebilde aus orange leuchtenden Matten, auf denen es sich entspannt schmökern lässt. Wer sich hier langweilt, ist selbst schuld. Manche kommen auch nur kurz vorbei, um die Tageszeitung zu lesen oder einen Blick in eines der Magazine oder in eine Zeitschrift zu werfen.

In der obersten Etage gibt es in der Leseecke sogar einen Kaffeeautomaten. Guter Kaffee, viel Zeit und eine spannende Lektüre – Herz, was willst du mehr. Vielleicht noch ungestört lernen, arbeiten oder recherchieren. Auch das ist an einem der vielen PC-Arbeitsplätze mit Internet und WLAN im ganzen Haus möglich. Wer eine Frage oder einen Wunsch hat – die Mitarbeiter an den Service- und Infotheken helfen gerne, meist inklusive einem weiteren guten Tipp. Schwups, schon hat man ein Buch mehr im Korb. Komfortabel und unkompliziert ist das moderne Ausleih- und Abgabesystem, wohltuend selbsterklärend, ohne lange Bedientexte. Ganz ehrlich, wer den Zutritt zu diesem verführerischen Ort bisher nicht gefunden hat, sollte sich schnellstens seinen persönlichen Leseausweis ausstellen lassen. Mit dem kommt man im gläsernen Fahrstuhl sogar hoch hinaus bis auf die Dachterrasse.

TIPP

**In der Genusswerkstatt kann man bei einem köstlichen Wein im ausgewählten Buch herrlich schmökern.**

**StadtBibliothek, Forum Confluentes, Zentralplatz 1, 56068 Koblenz, Tel. (02 61) 1 29-26 26**
**www.stb.koblenz.de**

**ÖPNV: Bus 1, 2/12, 3/13, 5/15, 6/16, 7, 8, 9/19, 10, Haltestelle Zentralplatz/Forum**

DER CIA FOLTER REPORT

# Eierlegende Wollmilchsau

## 67 *Shoppen im Löhr Center in der Innenstadt*

Blumen für die Schwiegermutter, ein spannendes Buch für die beste Freundin, erlesene Gewürze für die Küche daheim, die festliche Garderobe für den Opernbesuch, Kosmetik, Schuhe, Schmuck und Deko, alles unter einem Dach. Und selbst Haare schneiden, eine Reise buchen und die Brille reparieren lassen, sind ohne lange Wege möglich. Zum Schluss kann man sogar noch den Wochenendeinkauf erledigen. Das hört sich doch nach besagter eierlegender Wollmilchsau an, die nur Gutes mit sich bringt und alle Wünsche gleichzeitig erfüllt. Oder eben nach dem Löhr Center in Koblenz, einer in den 1980er-Jahren errichteten Ladenstraße mit drei überdachten Etagen. 2017 wurde das Center neu gestaltetet und das Shoppen im Trockenen sehr attraktiv. Es macht richtig Laune, allein, zu zweit oder mit der ganzen Familie. Nicht nur, weil man in den etwa 130 großen und kleinen Fachgeschäften alles bekommt, was das Herz begehrt und auf dem Einkaufszettel steht. Das Löhr Center hat eine imposante Innengestaltung. Um diese mit Genuss zu betrachten, bleibt man gerne länger stehen. Gestützt auf das Brüstungsgeländer bewundert man harmonische Lichtkomposition zusammen mit kühler Architektur und wohligen Plätzen zum Entspannen. Welches Einkaufszentrum bietet schon einen Platz im Ohrensessel direkt am Kamin mit echtem Feuer? Verlockend, sich niederzulassen und in dem eben erworbenen Buch zu schmökern. Jetzt müsste nur noch jemand mit einem Latte Macchiato oder einem vollmundigen Rotwein vorbeikommen. Dafür gibt es gute Angebote wie Cafés, Gelaterias, Bäckereien, verschiedene Restaurants. Selbst Burger- oder Fastfood-Freunde werden hier satt. Ein Tag im Löhr Center kann auch zu einem abwechslungsreichen Familienausflug werden, wenn man gar nicht shoppen mag. Über das Jahr verteilt werden viele Veranstaltungen und Ausstellungen für Groß und Klein angeboten. Das Center ist dann mit jahreszeitlich wunderschön anzuschauender Dekoration einladend geschmückt. Nix wie hin!

TIPP

Bei Miss Milla unbedingt die Schoko-Karamell- oder Mandel-Zitrone-Cookies und den Cappuccino probieren.

**Löhr Center Koblenz, Hohenfelder Straße 22, 56068 Koblenz, Tel. (02 61) 1 33 90 70**
**www.loehr-center.de**

**ÖPNV: Bus 2/12, 4/14, 5/15, 6/16, 7, 9/19, 10, Haltestelle Bahnhof Stadtmitte/Löhr-Center**

# Aljonka statt Milka

## 68 *Mix-Markt-Produkte aus Osteuropa und Asien*

Muntere Gespräche in russischer, polnischer oder rumänischer Sprache, untermalt von leisen Folkloreklängen. Riesige Weißkohlköpfe neben reifen Fleischtomaten, mundenden Feigen und duftenden Gewürzen und Kräutern. Es riecht angenehm nach Fisch, frisch, gesalzen oder getrocknet. Und es gibt Schwein, Rind oder Geflügel, Wurst und Käse. In gut sortierten Regalen ist eine Vielfalt an überwiegend osteuropäischen Produkten zu finden, darunter Delikatessen, Spezialitäten und Süßigkeiten, bunt verpackt. Beim Gang entlang der Regale reist man in Gedanken durch die russische Küche: Pelmeni, Blinis, Borschtsch, Soljanka, Kaviar. Viele Produkte haben Etiketten mit kyrillischen Buchstaben und nicht immer weiß man, was sich in der hübschen Verpackung oder dem großen Glas mit den bunten Früchten verbirgt. Aber Neugier auf Neues gehört dazu, wenn man im Mix Markt einkaufen geht. Ist man sich unsicher, hilft oft ein Blick in die Einkaufswagen derjenigen, die sich fließend in einer anderen Sprache unterhalten. Oder man fragt die sympathischen, sehr hilfsbereiten Verkäuferinnen, die sekundenschnell vom Russischen ins Deutsche wechseln.

**TIPP** Unbedingt das Schaschlik am Imbissstand vor dem Supermarkt probieren und Parkscheibe ins Auto legen.

Der Mix Markt bietet ein gut sortiertes Angebot an Lebensmitteln, Getränken, Spirituosen, Drogerie- und Haushaltsartikeln zu einem angemessenen Preis. Dass es mitunter in den Gängen eng werden kann, liegt daran, dass der Supermarkt meist rege besucht ist, wahrlich ein gutes Zeichen. Und selbst wenn man mal an der Fleisch- oder Fischtheke anstehen muss, kann man die Zeit für ein Gespräch mit den ebenfalls Wartenden nutzen und sich vielleicht noch einen Zutatentipp für das geplante Gericht geben lassen. Denn miteinander gesprochen wird hier gern, egal ob man die Sprache des anderen versteht. Daran erinnert man sich dann lächelnd, wenn zu Hause das traditionelle russische Gericht gelungen ist, es duftend und dampfend auf dem Tisch steht. So schmeckt es bei Freunden!

**Mix Markt, Henriette-Sontag-Straße 4, 56070 Koblenz, Tel. (02 61) 98 27 98 89**
**www.mixmarkt.eu**
**VRM: Bus 354, 370, Haltestelle Am Güterbahnhof**

ИКРА
Русский вкус
250g
KETAKAVIAR
ikroff
LACHSKAVIAR
Икра
Янтарная
275g
ИКРА СЕЛЬДИ
Heringsrogen
Икра
КРАСНОЕ
ЗОЛОТО

# Ein Schloss aus Liebe

## 69 *Plateau der Festung Ehrenbreitstein*

Verliebt, verlobt, verheiratet. Jedes der vielen Schlösser trägt die Namen der Liebenden und ein Datum, manche mit einem Herz, einer Schleife, einem Anker oder Schmetterling geschmückt. Angebracht am Gitterzaun auf dem Plateau der Festung Ehrenbreitstein zeugen sie vom Schwur ewiger Liebe. Ein schön gewählter Platz für einen Vieraugenblick. Den Weg zum Plateau hat man mit seinem Herzensmenschen vielleicht mit der Seilbahn zurückgelegt – fast ein Sinnbild für den siebten Himmel, wenn man sich hier oben für den gemeinsamen Lebensweg entscheidet. Besiegeln kann man sein Glück mit einem romantischen Essen im Restaurant auf dem Oberen Schlosshof. Es ist in einem der Gebäude untergebracht, die einst für die auf der Festung lebenden Menschen eine besondere Bedeutung hatten. Dazu zählen auch die kleine Festungskirche, die Hohe Ostfront und die Große Traverse mit dem prunkvollen Kuppelsaal. Letztere ist eine ausgezeichnete Location für eine Hochzeit mit vielen Gästen.

Das Plateau, oder korrekt der Obere Schlosshof, ist das Zentrum der Festungsanlage und war in früheren Zeiten der Exerzier- und Abstellplatz. Heute wird der große, von Touristen heiß geliebte Ort mit dem schönen Panoramablick über Altstadt, Rhein, Mosel und Deutsches Eck für viele Veranstaltungen genutzt: das Lichtkunstspektakel Festungsleuchten, die Gartenmesse Landpartie, Jazzkonzerte, um nur einige zu nennen. Ein Brunnendenkmal auf dem Plateau erinnert an die spannende Geschichte dieser Festungsanlage. Selbst ein Museumsbesuch ist möglich. Im Landesmuseum kann man sich neben einer Dauerausstellung thematisch wechselnde Ausstellungen ansehen. Doch dafür interessieren sich die Paare sicher erst nach dem symbolischen Besiegeln ihrer Liebe mit ihrem eigens dafür gestalteten Vorhängeschloss. Dass sie immer wieder an diesen für sie besonderen Platz zurückkehren werden, steht außer Frage. Na dann – auf dass die Liebe ewig halten möge, mit oder ohne Schloss.

TIPP Hochzeitsfeiern im historischen Ambiente sind vom kleinen Gästekreis bis zu großen Events möglich.

**Festung Ehrenbreitstein, 56077 Koblenz, Tel. (02 61) 66 75 40 00, www.tor-zum-welterbe.de**

**ÖPNV: Bus 9/19, 10 Haltestelle Festungsaufzug/DJH**

Obere Terrassenbatterie

## 70 *Der Hasenpfad hinauf zur Karthause*

Treppauf, treppab – um von der gewohnten Trainingsroutine abzuweichen oder für eine ungewöhnliche Fitnesseinheit, können Ambitionierte gerne einmal den kürzesten Weg zur Karthause wagen. Bekannt ist dieser Treppenweg als Hasenpfad. Er verbindet den Höhenstadtteil mit der südlichen Vorstadt. Der Aufstieg beginnt an der Römerstraße und endet an der Simmerner Straße. Von den teils ausgetretenen, mit Moos bewachsenen Steinstufen sollte man sich nicht gleich abschrecken lassen. Trittsicher, im sportlichen Tempo steigt man Stufe für Stufe hinauf. Der wie im Dornröschenschlaf erscheinende Weg – im Sommer ist er recht zugewachsen – lässt ab der Mitte bereits das Ziel hoch oben erkennen. Das spornt an und mildert die körperliche Anstrengung. Oben angekommen, verschnauft man kurz und steigt raschen Schrittes wieder hinab. Alternativ zu einer Fitnesseinheit kann man den Hasenpfad entweder gemütlich hinaufsteigen oder nach etwa 30 Treppenstufen links auf einen schmalen Pfad einbiegen, der in einen breiten befahrbaren Weg mündet. An dieser Stelle kann man sich für eine kurze Pause auf einer Bank niederlassen. Kurz vor dem letzten Anstieg hat man plötzlich einen nicht erwarteten Blick auf den Zubringer zur Südbrücke, die über den Rhein führt. Aus der Stille heraus bestaunt man den so regen Verkehr. Hinter dem Zubringer erschließt sich einem dann eine völlig neue Perspektive auf die Rheinlache, einen einseitig an den Rhein angebundenen Altarm des Mittelrheins, der die Halbinsel Oberwerth teilweise vom Festland trennt. Beherzt steigt man weiter bergan und nimmt bald die ersten Häuser wahr. Spätestens dann fragt man sich, was einen nach dem Aufstieg erwartet. Es bietet sich so einiges: Der Spielplatz am Philosophenweg, die Bänke am Froschteich auf dem Campus der Hochschule, die zu einer kleinen Verschnaufpause einladen, oder das Echolot, eine aus Douglasienholz zusammengesetzte luftige Experimentalkonstruktion. Dieses gelungene Beispiel zeigt, wie sich Prinzipien der Bionik unter anderem in der Architektur aufgreifen und umsetzen lassen.

**TIPP** Den Weg am besten nur gehen, wenn Wetter und Stufen trocken sind. Sonst wird es sehr rutschig.

**Hasenpfad, Zugang über Römerstraße, 56068 Koblenz**
**ÖPNV: Bus 670, Haltestelle Merowingerstraße**

# Umdenken ganz easy

## 71 *Bewusst einkaufen im Unverpackt-Laden*

Unverpackt und grammgenau einkaufen, auf überflüssige Verpackungen verzichten? Das geht nicht, so meint man. Unvorstellbar dieser Gedanke, wenn man an den gefüllten Kofferraum des letzten Familiengroßeinkaufs denkt. Aber warum nicht mal etwas tun gegen die prallen Müllsäcke, die man Woche für Woche zur Tonne trägt. Umdenken ist angesagt und mit diesem guten Vorsatz ist man im Unverpackt-Laden von Frederik Lütje genau richtig.

Etwas mulmig ist einem aber schon, wenn man tatsächlich das erste Mal mit eigenen Töpfchen und Gläschen vor dem Sortiment steht. Zum Selbstabfüllen werden in durchsichtigen Spendern Hülsenfrüchte, Ölsaaten, Getreideprodukte, Mehl, Nüsse, Reis, Nudeln, Kaffee, Tee, Kakao und vieles mehr angeboten. Doch wie viel benötigt man wovon? Schließlich will man ja nicht wieder mit Unmengen nach Hause marschieren! Und dann selbst abfüllen? Das Team im Unverpackt-Laden kennt die Fragen seiner Kunden und hilft gekonnt über die erste Unsicherheit hinweg. Das Prinzip ist nämlich easy: mitgebrachte Behälter wiegen, Ware abfüllen und bezahlen. Es macht außerdem viel Freude zu sehen, was man da kauft. Denn es gibt keine unnützen bunten Verpackungen oder dicke Plastikfolien. Neugierig geworden, möchte man die anderen angebotenen Waren entdecken: Naturkosmetik, Seife, Reinigungsmittel und Zero-Waste-Artikel wie Bürsten, Bienenwachstücher oder Stullenwickler, jene kunterbunten wiederverwendbaren Sandwich- oder Pausenbrotverpackungen. Die möchte man haben! Aber plötzlich stutzt man und überlegt, wofür und wie viel davon in den heimischen Haushalt tatsächlich passt. Achtsamer einkaufen und bewusster konsumieren, das fühlt sich auf einmal richtig gut an. Bestärkt wird das frohe Gefühl, wenn man an der Kasse beim Bezahlen die kleinen Mengen in den mitgebrachten Aufbewahrungsutensilien sieht und weiß, davon wird wohl nichts im Mülleimer landen.

**TIPP** Auch bei „demeter Bois Stadtladen" findet man ein umfangreiches Biosortiment in angenehmer Atmosphäre.

**Unverpackt Koblenz, Pfuhlgasse 15, 56068 Koblenz, Tel. (02 61) 39 07 26 76**
**www.unverpacktkoblenz.de**

**ÖPNV: Bus 1, 2/12, 3/13, 5/15, 6/16, 7, 8, 9/19, 10, Haltestelle Zentralplatz/Forum**

Kosmetik
NUSS MILCH BEUTEL
Wein aus deutschen Landen

# Goethe und die Zwanziger

72

## *Per Schaufelradschiff durchs Mittelrheintal*

Wer kann schon von sich behaupten, einmal mit Goethe unterwegs gewesen zu sein. Okay, vielleicht nicht mit dem Goethe, dafür aber ganz sicher mit der Goethe, einem Ausflugsschiff, das auf dem Rhein zwischen Koblenz und Rüdesheim verkehrt. Allerdings handelt es sich nicht um ein gewöhnliches Schiff. Die RMS Goethe ist ein historisches Schaufelradschiff, der Exot in der KD-Flotte, eine Attraktion und ein Magnet für Schiffsreisende. Bei dieser nostalgischen Tour schlagen die Herzen der Passagiere gern schon einmal höher. Der Tagesausflug durch das malerische UNESCO Welterbe Oberes Mittelrheintal startet pünktlich 9 Uhr mit dem Ertönen des Schiffshorns. Man kann die Uhr danach stellen! Die Passagiere haben dann das erste Staunen am recht frühen Morgen bereits hinter sich. Denn nicht nur der weit aufragende Schornstein, die sich drehenden Schaufelräder, sondern auch der Salon in originalgetreuem Art déco lässt vergangene Zeiten lebendig werden. Am liebsten würde man sich sofort die Mode der Goldenen Zwanziger überstreifen und genüsslich auf dem Schiff spazieren, einen Tee aus feinstem Porzellan trinken oder von der Reling einen Blick auf beeindruckende Schlösser inmitten grandioser Landschaften werfen. Dass das Schiff seit seiner Indienstnahme 1913 auf eine wechselvolle Geschichte zurückblicken kann, sogar nach einem Bombentreffer im Zweiten Weltkrieg mehrere Jahre auf dem Grund des Rheins lag, sieht man ihm nicht an. Seit der aufwendigen Restaurierung im Jahr 1996 erstrahlt das über 100 Jahre alte Schiff in stilechtem Glanz, dem man nur zu gerne auf der etwa elfstündigen Tour verfällt. Aber nicht nur die Sightseeing-Schiffstouren-Genießer haben Freude an der RMS Goethe. Das Schiff kann für private wie geschäftliche Anlässe gemietet werden. Schillernde Party oder gemütlicher Kaffeenachmittag, es ist und bleibt ein unvergessliches Erlebnis. Und selbst wenn man nur am Rhein stehend die wunderbar anzuschauende Goethe vorbeiziehen zieht, fühlt man ein Stück gute alte Zeit.

TIPP Barrierefreier Zugang zum Schiff über einen Treppenlift zum Oberdeck möglich.

**RMS Goethe, Anlegestelle Konrad-Adenauer-Ufer, 56068 Koblenz, Tel. (02 61) 3 10 30**
**www.k-d.com**
**ÖPNV: Bus 1, 11, Haltestelle Deutsches Eck/Seilbahn**

GOETHE

# Von Akrobatik bis Zaubern

## 73 *Kreativ austoben in der JuKuWe*

Einrad fahren, Hip-Hop tanzen, Comic zeichnen, balancieren und jonglieren – selbst den Nähmaschinenführerschein kann man machen. Eine Vielzahl künstlerischer, gestalterischer, handwerklicher oder darstellender Kurse werden an Nachmittagen, an Wochenenden oder in den Ferien in der Jugendkunstwerkstatt, kurz JuKuWe, angeboten. Dazu gibt es Workshops, den Circus BAMBINI, das Jugendvarieté, das SommerKunstCamp KUNSTREICH oder verschiedene Ferienprojekte. Kinder, Jugendliche und junge Erwachsene im Alter von 3 bis 27 Jahren können sich in knapp 40 Kursen pro Woche mit Begeisterung kreativ austoben. Und so tanzen sie, treten als Zirkuskünstler auf, bauen dreidimensionale Objekte, haben Spaß beim Experimentieren. Dabei entdecken sie miteinander, wie viel Vergnügen es bereiten kann, sich gegenseitig zu unterstützen, gemeinsam nach pfiffigen Lösungen zu suchen, gute Ideen weiterzuentwickeln und Bleibendes zu schaffen. So manche Freundschaft ist dabei entstanden. Erfahrene und engagierte Kursleiterinnen und Kursleiter geben neben ihrem Wissen auch ihren Idealismus und ihre Freude an die Teilnehmenden weiter. Und was gibt es Besseres für junge Menschen, als stolz wie Oskar auf die erlernten Fähigkeiten zu sein?! Auch wenn etwas wehmütig ein Tränchen am Ende des Kurses oder der Ferienwoche verdrückt wird. Aber der nächste Kurs ist ja schon gebucht.

TIPP

Kreative Kurse für Malen und Gestalten kann man auch bei der VHS-Koblenz belegen.

Die JuKuWe, ein privater gemeinnütziger Verein zur Förderung der außerschulischen kulturellen, sozialen und politischen Kinder- und Jugendbildung, wurde 1991 gegründet. Im Jahr 2001 wurde in der JuKuWe das Kinder- und Jugendbüro eingerichtet, um die Arbeit des Koblenzer Jugendrates zu unterstützen und Kinder und Jugendliche an Entscheidungen in Politik und Verwaltung aktiv zu beteiligen. Die JuKuWe wird von vielen Kooperationspartnern, Förderern, Sponsoren und Eltern unterstützt – Glück für mehr als 2000 junge Menschen, die jährlich hier ihre Freizeit ideenreich verleben können.

**Jugendkunstwerkstatt e. V., Markenbildchenweg 38, 56068 Koblenz, Tel. (02 61) 1 68 30**
**www.jukuwe.de**

**ÖPNV: Bus 1, 3/13, 4/14, 5/15, 7, 8, 9/19, Haltestelle Koblenz Hauptbahnhof**

# Prickeln im Gewölbekeller

## 74 *Sektmuseum im Stammhaus Deinhard*

Wo ist denn der Deinhard? Natürlich im Herzen von Koblenz! Die flotte Sektwerbung kennt inzwischen jeder, das Sektmuseum sollte unbedingt jeder kennenlernen. In dem kleinen feinen Museum gibt es jede Menge zu entdecken, was mit einer Sektflasche, einem fliegenden Korken und feinperlig prickelndem Sekt in Verbindung gebracht wird.
In den Tiefen der sehr ansprechend hergerichteten, kühlen Gewölbekeller unter der ehemaligen Sektkellerei Deinhard kann man sich auf eine spannende Zeitreise begeben, selbst wenn man Wein bevorzugen würde. Denn in den erfrischend unterhaltsamen Führungen erzählen die Gästeführer begeistert die Geschichte des Stammhauses Deinhard, auch fachkundig wie Wein angebaut, Sekt und Wein hergestellt und von dort aus rund um den Globus verschickt wurde. Auf dem Rundgang beeindrucken Originalgerätschaften – wie Rüttelmaschine, Wagenfässer oder Flaschenabfüllung – ebenso wie der Charme des Kellergewölbes. Wen wundert es, dass man plötzlich Lust auf das gewisse spritzig kühle Etwas bekommt. Und das erwartet einen sogar am Ende der Führung. Bei Kerzenschein genießt man beglückt den Deinhard. Und freut sich, dass 1794 die Sektkellerei hier in Koblenz von Johann Friedrich Deinhard gegründet wurde, zunächst allerdings als Weinhandlung. Erst ab 1843 wurde hier der Sekt nach dem traditionellen Flaschengärverfahren hergestellt. Das Sektmuseum, manchmal auch Kellermuseum genannt, kann nur während einer Führung besichtigt werden. Für Gruppen werden ganzjährig Schnupper- und Genussführungen angeboten, hervorragend geeignet als Auftakt zu einer Familienfeier, für Firmenevents oder einen Ausflug mit dem Verein, mit Freunden oder Gästen. Zwischen Mai und Dezember gibt es jeden Samstag eine Führung für Kurzentschlossene, ein Genuss, der in das Programm jedes Koblenzbesuchers gehören sollte. Denn wo sonst findet man den Deinhard eher als in dieser schönen Stadt?

TIPP Nach der Führung ein exzellentes 4-Gänge-Menü mit Weinbegleitung im Restaurant Verbene genießen.

**Koblenzer Sektmuseum, Deinhardplatz 3, 56068 Koblenz, Tel. (02 61) 9 11 51 51**
**www.sekt-museum.de**
**ÖPNV: Bus 1, 3/13, 6/16, 8, 9/19, 10, Haltestelle Stadttheater/Schloss**

292 l

## 75 *Geschichte auf dem Josef-Görres-Platz*

Eine auffallend prächtige Säule, die Geschichte erzählt, auf einem Platz, dessen Schönheit und Vielfalt – eine wahrlich zu beachtende Komposition – man erst auf den zweiten Blick erkennt. Die Säule, genauer gesagt, die etwa 10 Meter hohe Historiensäule steht inmitten eines großen Brunnens auf dem Josef-Görres-Platz. Sie ist ein Geschenk des Landes Rheinland-Pfalz zur 2000-Jahr-Feier von Koblenz. Schlendert man um diesen Brunnen herum, kommt man gar nicht umhin, die dreidimensionalen Bilddarstellungen zu deuten oder zu erraten. Einfacher ist es sicher, man liest die dazugehörende Legende, aber damit nimmt man sich das Vergnügen, die wechselvolle Geschichte der Stadt Koblenz bildlich zu entdecken. Immerhin gehört diese zu den ältesten Städten Deutschlands. Die Historiensäule hat zehn aufeinandergesetzte Szenen, beginnend mit der Zeit der Römer am Rhein, symbolisiert durch ein mit Weinfässern beladenes Boot.

Nach solch einer anregenden Entdeckungsreise braucht es ganz sicher eine Erfrischung oder Stärkung. Spätestens jetzt schaut man sich genauer um. Und man staunt. Der Görresplatz ist umsäumt von Restaurants, Cafés und Kneipen. Viele davon haben wirklich einladende und gemütliche Freisitze. Dazu gibt es blütenreich gestaltete Grünanlagen mit vielen Sitzbänken. Doch das war nicht immer so. Im Laufe der Jahrhunderte wechselte der Görresplatz immer wieder sein Gesicht – fast so häufig wie seinen Namen. Mal hieß er Großer Platz, dann Paradeplatz, Place verte oder Goebenplatz. Heute ist der Platz nach dem Koblenzer Publizisten und Historiker Joseph Görres benannt. Am Görresplatz befand sich zwischen 1827 und 1872 auch der Verlag von Karl Baedeker, dem Verleger und Begründer der Baedeker-Reiseführer. Archäologische Funde im Bereich dieses Platzes führen aber noch in weit frühere Zeiten, denn sie belegen die Besiedlung durch die Römer. Es lohnt sich also, mit offenen Augen über den Görresplatz zu wandeln.

TIPP

Buggi-Woogie Görresschenke, eine urige Kneipe, in der sich Nachtschwärmer und Stammgäste treffen.

**Historiensäule, Josef-Görres-Platz, 56058 Koblenz**

**ÖPNV: Bus 1, 3/13, 6/16, 8, 9/19, 10, 11, Haltestelle Stadttheater/Schloss**

## 76 *Vorhang auf im Theater Am Ehrenbreitstein*

Applaus! Applaus! Die französische Komödie „Glück“ hat einmal mehr den Nerv der Zuschauenden getroffen. Pointierte Dialoge mit überraschenden Wendungen auf einer farbenfroh gestalteten Bühne, untermalt mit der passenden Musik. Inszeniert hat das Stück der aus Venezuela stammende Theaterregisseur Gabriel Diaz. Es ist großes Theater auf kleinem Raum. Ja, das ist es!
Beheimatet ist das Theater unterhalb der Festung Ehrenbreitstein im Erdgeschoss eines eher unscheinbar wirkenden Wohnhauses. Der kleine Raum, in dem die Aufführungen stattfinden, ist urgemütlich. Kaum mehr als 20 Plätze sind vorhanden. Das hat schon was von Wohnzimmercharakter. Und so wird aus den Besuchern schnell eine Gemeinschaft, die sich von Inszenierungen wie „Gut gegen Nordwind“, „Arthur & Claire“ oder „Welche Droge passt zu mir?“ fesseln lässt. Die Schauspieler bringen in ihren Stücken den Alltag ebenso wie Aktuelles aus der Politik auf die Bühne. Sie adaptieren aus Romanen und zeigen klassische Dramen, enthusiastisch und überzeugend gespielt. Die Vielseitigkeit, zusammen mit der besonderen Atmosphäre, ermöglicht eine intensive, hautnahe Theatererfahrung. Ist der letzte Satz gesprochen, der Applaus verhallt, mag man gar nicht nach Hause gehen. Wie schön, dass man im Anschluss an die gelungene Vorstellung noch auf ein Getränk, kleine Knabbereien oder Fingerfood bleiben kann – alles erhältlich gegen eine Spende. Das Theater Am Ehrenbreitstein wurde 2013 von der Schauspielerin Annika Woyda und dem Regisseur Gabriel Diaz als freies Theater gegründet, aus einem Impuls heraus. Es ist ihnen eine Herzensangelegenheit und zusammen mit vielen (Gast-)Schauspielern haben sie hier eine echte Bereicherung für die Kultur- und Theaterszene der Stadt geschaffen. Intelligent, tiefsinnig, heiter und unterhaltsam machen sie ihre Bühne zum Erlebnis für ihr Publikum. Das applaudiert nicht nur hingerissen, sondern kommt mit Begeisterung gerne wieder.

TIPP Es gibt auch ein mobiles Theater, das mit ausgewählten Stücken gebucht werden kann.

**Theater Am Ehrenbreitstein, Woyda Diaz GbR, Hofstraße 271, 56077 Koblenz, Tel. (01 71) 3 29 57 36, www.theater-am-ehrenbreitstein.de**
**ÖPNV: Bus 8, 9/19, 10, Haltestelle Ehrenbreitstein Bahnhof**

# Fellnasen-Wohlfühloase

## 77 *Tausendhund, regional und nachhaltig*

Hier wird gekrault, geknuddelt und gedrückt, während Frauchen oder Herrchen die in präziser Handarbeit regional hergestellten Produkte für ihren Vierbeiner begutachten. Dafür braucht es allerdings Zeit, denn die angebotenen Artikel sind außergewöhnlich, formschön und überzeugend alltagstauglich. Wie diese Napfwischer, ein Set aus einer Holzspülbürste und einem Trockentuch, das nicht nur den Napf zum Glänzen bringt, sondern durch die edle Verarbeitung ein echter Hingucker in der Küche ist. Dem kann und will man gar nicht erst widerstehen. Genauso wenig den farbigen handschmeichelnden Hundeleinen aus reißfestem Tau und Takelgarn. Oder den liebevoll gestalteten Hundenäpfen und Leckerlidosen aus Keramik. Diese kann man im Laden direkt mit gesundem Futter, Kauprodukten und köstlichen Leckereien aus Bio-Betrieben für den Vierbeiner befüllen. Shoppen mit dem Hund, das macht hier richtig Laune: anschnuppern, ausprobieren und verkosten, das ist dem treuen Gefährten ausdrücklich erlaubt. Denn was überzeugt einen mehr, als wenn es der Fellnase genüsslich schmeckt und gefällt?

Der kleine, sehr urig eingerichtete Wohlfühlladen mit Manufaktur für Hundezubehör wurde 2017 von zwei hundeerfahrenen Enthusiastinnen eröffnet – aus Liebe zu den Tieren und mit großem Engagement für den Tierschutz. Mit ihrem Konzept verwöhnen sie die Tiere und überzeugen auch schnell deren Begleiter am anderen Ende der Leine. Es wird mit Herz verkauft. Um immer genau die richtigen Produkte empfehlen zu können, wird gezielt nach den Wünschen der Kunden gefragt. Seit 2018 befindet sich im hinteren Teil des Geschäfts auch ein Hundesalon. Egal ob Rasse- oder Mischlingshund, Kurz- oder Langhaar, jeder Hund ist willkommen und wird angst- und stressfrei frisiert. Man sollte sich also nicht wundern, wenn der Hund hier beim nächsten Spaziergang plötzlich an der Leine zieht. Er hat Tausendhund schon längst entdeckt.

TIPP Mit der neuen Hundeleine direkt einen Spaziergang am Rheinufer in Ehrenbreitstein unternehmen.

**Tausendhund, Kapuzinerplatz 133, 56077 Koblenz, Tel. (02 61) 97 37 35 80**
**www.tausendhund.de**
**ÖPNV: Bus 8, 9/19, 10, Haltestelle Kapuzinerplatz/Fähre**

Hey du!
Willkommen
Tausendhund

# Brücken bauen

## 78 *ISSO im Dreikönigenhaus*

In zentraler Lage befindet sich im historischen Ambiente des Dreikönigenhauses das moderne ISSO, genauer gesagt das Institute for Social & Sustainable Oikonomics. Der Name weckt die Neugier in einem und zugleich das Interesse, einmal genauer hinzuschauen. Und es lohnt! Wer sich für die Entwicklung einer zukunftsfähigen Gesellschaft interessiert und engagiert, ist hier willkommen und gut aufgehoben. Für Akteure aus Wissenschaft, Zivilgesellschaft oder Kommunen bietet sich eine inspirierende Umgebung, um neue nachhaltige Abläufe auszuprobieren. Das breit gefächerte Angebot des ISSO wendet sich jedoch an viele Menschen. Wer es zu nutzen versteht, findet mit dem Institut einen verlässlichen Partner, Impulsgeber, Ideenmanager und Projektbegleiter. Co-Worker finden hier Arbeitsplätze und Start-up-Unternehmen Räume, um eigene Projekte zu entwickeln. Man kann sich professionell coachen lassen, an innovativen Weiterbildungen, Seminaren und Workshops teilnehmen oder einfach nur Meeting- und Büroräume nutzen. Wer nun aber gar nicht nach neuen beruflichen Perspektiven sucht, findet in den Ausstellungen, Vorträgen, Lesungen und Diskussionsrunden, Themen, die einem wichtig sind, und vielleicht auch den einen oder anderen Gleichgesinnten. Es wird über Demokratie, Bildung, Klima und Energie, aber auch über Gesundheit und Lebenswandel diskutiert. Es werden ökologische und ökonomische, soziale und kulturelle Themen angesprochen, immer mit dem Gedanken, sich miteinander zu vernetzen und voneinander lernen zu können. Und so ist es keinesfalls verwunderlich, dass seit 2015 jährlich mehr als 6000 Menschen diese Kultur- und Bildungsangebote des ISSO wahrgenommen haben. Als eine Tochterorganisation der Martin-Görlitz-Stiftung für Energie, Umwelt und Soziales verfolgt das ISSO das Ziel, zukunftsorientierte Forschung und Wissenschaft in den Dialog zu bringen und vorhandenes Wissen in die Praxis zu übertragen.

TIPP Auch bei der StartUp League können sich Gründungsinteressierte, Gründer und lokale Akteure vernetzen.

**ISSO, Kornpfortstraße 15, 56068 Koblenz, Tel. (02 61) 2 04 39 10**
**www.isso.de**
**ÖPNV: Bus 1, 11, Haltestelle Altstadt/Kornpfortstraße**

# Zwei Schritte ums Eck

## 79 *Am Zusammenfluss von Rhein und Mosel*

Wenn man an Koblenz denkt, fällt einem sofort das Deutsche Eck ein. Dieser Ort ist ein Muss für jeden, der diese Stadt besucht und für jeden, der hier lebt, sowieso. Einmal an der Spitze der künstlich aufgeschütteten Landzunge stehen und bestaunen wie Vater Rhein und Mutter Mosel zueinanderfinden. Die Stadt verdankt ihren Namen tatsächlich diesem Zusammenfluss. Aus dem lateinischen Castellum apud Confluentes (übersetzt: das Kastell bei den Zusammenfließenden) wurde im Laufe der Zeit der Name Koblenz. Das Deutsche Eck erhielt seinen Namen durch die Ansiedlung des Deutschen Ordens im Jahr 1216.

Hat man genug vom Blick auf das Wasser – was eigentlich kaum vorstellbar ist – geht es hinauf zum 37 Meter hohen Monument mit Reiterstandbild, das 1888 im Gedenken an den verstorbenen Kaiser Wilhelm I. errichtet wurde. Der Ausblick von dort ist einfach grandios. Wen wundert es also, dass man diesen schönen Platz meist mit vielen Menschen teilen muss? Wer jetzt aber nur wenige Schritte nach links oder rechts weitergeht, entdeckt steinerne Stufen. Je nach Lage bewundert man von dort entweder die Silhouette der Altstadt oder schaut auf den gegenüberliegenden Stadtteil Ehrenbreitstein. Beide Blicke haben eine geradezu magische Anziehungskraft. Daher sollte man nicht versäumen, ruhig mal die Seiten zu wechseln. Am schönsten sind die Treppenstufen an der Mosel zur Goldenen Stunde, wenn sich das weiche Licht der unter- oder aufgehenden Sonne in dem gemächlich dahinfließenden Wasser spiegelt. Romantisch, wenn man dann seinen Lieblingsmenschen im Arm halten kann. Die Treppenstufen auf der Rheinseite haben einen ganz besonderen Charme. Setzt man sich auf eine der unteren Stufen, erfasst man plötzlich die enorme Breite des Flusses und die gigantische Größe der Festung Ehrenbreitstein, die auf dem gegenüberliegenden Felssporn über allem thront.

**TIPP** Bei einer Schiffsrundfahrt hat man vom Wasser aus einen ganz besonderen Blick auf das Deutsche Eck.

**Deutsches Eck, Konrad-Adenauer-Ufer, 56068 Koblenz**
**ÖPNV: Bus 1, 11, Haltestelle Deutsches Eck/Seilbahn**

# Kurz geduscht

## 80 *Am Schängelbrunnen in der Altstadt*

E lustich Kowelenzer Schängelche ich sey …, so geht der Refrain eines Liedes von Josef Cornelius und Karl Kraehmer, auch als Koblenzer Hymne bekannt. Fröhlich trällert man das Liedchen schon von Kindesbeinen an, und gefühlt können es auch alle Spatzen von den Dächern der Altstadt pfeifen. Besungen werden die Koblenzer selbst. Ja, Schängel werden sie liebevoll genannt – einst nur die in Koblenz Geborenen, inzwischen aber wohl auch alle in der Stadt Lebenden. Schängel meint einen kleinen witzigen, zu Streichen und Schabernack aufgelegten Lausbuben. Und wer möchte das nicht manchmal sein, unangepasst, schlagfertig, munter und keck. Diesem kleinen Kerl wurde sogar ein Denkmal mitten in der Stadt gesetzt. Hoch oben auf einem aus Eifeler Basaltlava gefertigtem Brunnenbecken, welches im Relief Jungenstreiche zeigt, thront eine Bronzefigur. In unregelmäßigen Abständen spuckt sie einen Wasserstrahl mehrere Meter weit. Das ist wahrlich ein witziges Vergnügen, sowohl für die nass gespritzten Touristen als auch für die in der Nähe des Brunnens weilenden Koblenzer. Die erfreuen sich an dem munteren Treiben vor dem Brunnen, ebenso wie an dem Moment, wenn freudig erschrockene Touristen versuchen, vor dem Wasserstrahl in Sicherheit zu springen. Noch mehr Spaß haben die Kinder. Sie stehen erwartungsvoll unter der Brunnenfigur, in der Hoffnung rechtzeitig beiseitehüpfen zu können. Denn kalt geduscht werden wollen sie nicht wirklich. Da aber auf den Lausbub so gar kein Verlass ist, gelingt das mal mehr und mal weniger. Der Schängelbrunnen befindet sich im Rathaushof, heute Willi-Hörter-Platz, mitten in der Altstadt, umringt von Renaissance- und Barockbauten. Für die Menschen in der Stadt ist er längst zu einem ihrer Wahrzeichen, für die Touristen zu einem Muss bei ihrem Stadtrundgang geworden. Manch einer bleibt sogar bewusst am Brunnen stehen. Irgendwie gehört es dazu, wenigstens einmal von dem kleinen Kerl nass gespritzt zu werden.

TIPP In der Citykirche am Jesuitenplatz interessante Filme abseits des Mainstreams schauen.

**Schängelbrunnen, Willi-Hörter-Platz, 56068 Koblenz**
**ÖPNV: Bus 1, 2/12, 3/13, 5/15, 6/16, 7, 8, 9/19, 10, Haltestelle Zentralplatz/Forum**

**Bibliografische Informationen der Deutschen Nationalbibliothek**
Die Deutsche Nationalbibliothek verzeichnet diese Publikation in der Deutschen Nationalbibliografie; detaillierte bibliografische Daten sind im Internet über http://dnb.d-nb.de abrufbar.


**Konzeption/Satz:** Droste Verlag, Düsseldorf
**Einbandgestaltung und Illustrationen:** Britta Rungwerth, Düsseldorf, unter Verwendung von Bildern von © Fotolia.com: jd – photodesign.de; © iStock: Plociennik Robert
**Fotos: Bettina Manuela Hambuch, außer:**
AdventureGolf, Koblenz: S. 137; Altstadt Hotel & Café Koblenz: S. 17; BArch, B_198_Bild-2010-0517-002 / Krause, Torsten: S. 31; DB Museum / Uwe Niklas: S. 131; ECE Projektmanagement GmbH & Co.KG: S. 141; Joachim Eckermann, Naturheilpraxis Ki-Harmonie: S. 53; Essgeschäft Koblenz: S. 135; Gripp für Kaffeejunge: S. 117; ISSO-Institut, Koblenz: S. 163; Jugendkunstwerkstatt e. V.: S. 153; KD Deutsche Rheinschifffahrt GmbH: S. 151; Christian Klein, Odeon-Apollo-Kinocenter: S. 57; Kulturfabrik GmbH: S. 127; Lifecoaching – Bewusst.Anders.Sein: S. 67; Beate Lukoschek, Koblenz: S. 77; PAPA UMI FRANCHISE GMBH & CO. KG: S. 103; Ralf Prestenberg, Circus Maximus: S. 123; Romanticum Koblenz: S. 119; Günter Schenk, Mainz: S. 97; Julian Staudt / Koblenzer Sektmuseum: S. 155; Tausendhund UG: S. 161; Theater Am Ehrenbreitstein, Koblenz: S. 159; Tierfotografie Jessica Junker, Koblenz: S. 109, S. 111; Stefan Verves für Frl. Diehl: S. 125; www.stock.adobe.com: S. 157 (chrisdorney)

FSC
www.fsc.org
MIX
Papier aus verantwortungsvollen Quellen
FSC® C011279

**Druck und Bindung:** LUC GmbH, Greven
**ISBN 978-3-7700-2251-9**

**www.droste-verlag.de**